北米ノースウェストの
人類考古学的研究

An Archaeological Study of the Northwest

坂口　隆　Takashi Sakaguchi

雄山閣

口絵1　ノースウェスト・コーストの環境と文化
1：フレーザー・リバー下流。2：クサン・ビレッジ（集落遺跡に所在し、現在は博物館と工房を兼ねた施設）のプランク・ハウスとトーテムポール。3：フォールス・クリークに大形カヌーで集結したスクアミッシュの人々。4・5：レガリアを身に付け歌舞するハイダの人々。［1：2007年9月11日筆者撮影、2：2006年10月6日筆者撮影、3：2005年9月25日筆者撮影、4・5：2007年6月21日筆者撮影］

口絵 2　プラトーの環境と文化

1：歌舞するリルワットの人々。2・3：シュスワップ・ミュジアムの屋外公園（集落遺跡に所在し、博物館とエスノボタニカル・ガーデンを兼ねた施設）に復元された竪穴住居とその内部。4：シックス・マイル・フィッシャリーのすくい網漁。5：シュスワップのバスケット類。[1：2012年2月4日筆者撮影、2・3：2005年9月8日筆者撮影、4：2005年9月2日筆者撮影、5：2005年10月9日筆者撮影]

口絵3　亜極圏の環境と文化

1：歌舞するダカー・クワーン・ダンサーズ（Dakhká Khwáan Dancers: タギッシュ、インランド・トリンギット、タク・トリンギットなどから構成されるグループ）。2・3：クルクシュ（Klukshu）・フィッシング・ビレッジと定置漁具。トゥショーニ（Tutchone）、ユーコン。4：バルクリー・リバー流域、モーリス・タウン（Moricetown）の漁場で、図2-10-4の遠景。岩場で川幅が狭くなり、サケを捕獲するための絶好の漁場である。［1：2012年2月3日筆者撮影、2・3：2004年8月筆者撮影、4：2006年9月27日筆者撮影］

口絵 4　ローアー・リルウェットとアッパー・リルウェットのランドスケープ
1：リルウェット・リバーからリルワット山（Lil'wat Mountain）を望む。2：フレーザー・リバー東岸からファウンテン集落を望む。ローアー・リルウェットのランドスケープは、コースト・マウンテンの延長にあるが、アッパー・リルウェットは、半乾燥地帯のランドスケープを示し、対照的である。[1：2005年4月筆者撮影、2：2007年9月2日筆者撮影]

口絵5　シックス・マイル・フィッシャリーとブリッジ・リバー・バレー
1：フレーザー・リバー東岸から俯瞰したシックス・マイル・フィッシャリーとブリッジ・リバー・バレー。
2：フレーザー・リバー西岸側からみたフレーザー・リバーとブリッジ・リバー合流点のキャンプ。中央に干し小屋のテント群がみえる。奥よりの濁流がフレーザー・リバー、手前の青流がブリッジ・リバー。
［1：2007年9月2日筆者撮影、2：2007年9月1日筆者撮影］

口絵6　ウィンド・ドライングが行われている干し小屋
フレーザー・リバー西岸に所在するシックス・マイル・フィッシャリー。[1・2：2005年9月2日筆者撮影]

口絵7 ベニザケの処理工程（シックス・マイル・フィッシャリー）

1・2：工程2―身を2枚にさばく。身、中骨、尾鰭は尾部末端で連結した状態である。3・4：工程3・4―中骨を落とし、ナイフで身を等間隔に横刻みにする。5：干す準備ができたベニザケ。6：パビリオンの方からいただいた干したベニザケ（サーモン・キャンディー）。[1～5：2005年9月2日筆者撮影、6：2004年4月27日筆者撮影]

口絵8　ギッツァン（Gitxsan）、キトセグエラ（Kitseguela）のスモークハウス外観（1）と内部（2）
入口右側にすくい網が掛けられ、その右手に焚口と煙道がある。建物横には網がみえる。核家族化、及び食生活の変化に伴いスモークハウスも小形化しているとみられる。［2005年9月4～5日筆者撮影］

目　次

序 ……………………………………………………………………………………………… 5

第1章　狩猟採集社会における「首長」層の民族誌的研究 ………………………… 7
　第1節　ノースウェストの人類学的枠組 …………………………………………… 7
　第2節　ノースウェストの先住民社会：「首長」層の機能と多様性 …………… 12
　　はじめに …………………………………………………………………………… 12
　　(1) 方　法 …………………………………………………………………………… 14
　　(2) 「首長」の機能と多様性 ……………………………………………………… 14
　　　1. ノースウェスト・コースト ………………………………………………… 14
　　　2. プラトー ……………………………………………………………………… 19
　　　3. 亜極圏 ………………………………………………………………………… 20
　　(3) 考　察 …………………………………………………………………………… 24

第2章　定住的狩猟採集民の資源利用と集落研究 …………………………………… 31
　第1節　ミッドフレーザー（Mid-Fraser）地域の概要 …………………………… 31
　第2節　民族誌に基づくリルウェットの集落、資源利用、及びテリトリー …… 38
　　はじめに …………………………………………………………………………… 38
　　(1) リルウェットのテリトリー …………………………………………………… 39
　　(2) リルウェットの社会・政治組織 ……………………………………………… 40
　　(3) リルウェット、20世紀初頭の人口 …………………………………………… 41
　　(4) GIS のデータ …………………………………………………………………… 41
　　(5) ミッドフレーザー地域における集落と資源利用 …………………………… 42
　　(6) リルウェット、集落間の距離 ………………………………………………… 44
　　(7) リルウェット、ローカル・グループの境界 ………………………………… 46
　　(8) テリトリーとティーセン多角形 ……………………………………………… 48
　　(9) 結　語 …………………………………………………………………………… 49
　第3節　サケ漁と加工・保存に関するポリティカル・エコノミー ……………… 50
　　(1) 人類史における貯蔵の意義 …………………………………………………… 50
　　(2) フレーザー・リバー流域のサケ漁 …………………………………………… 51
　　(3) ミッドフレーザー地域のサケ漁と加工・保存技術 ………………………… 53
　第4節　カナディアン・プラトーにおけるコンフリクトの性質 ………………… 64

第 5 節　カナディアン・プラトーの先史時代概略……………………………… 68
　　　(1) 先史時代前半期 …………………………………………………………… 68
　　　(2) 先史時代後半期 …………………………………………………………… 71
　　第 6 節　ミッドフレーザー地域における先史時代後半期の集落遺跡 ………… 76
　　第 7 節　ミッドフレーザー地域における先史集落遺跡の適地性……………… 88
　　　はじめに……………………………………………………………………… 88
　　　(1) 方法と分析過程 …………………………………………………………… 89
　　　　　1. 民族誌に基づく集落遺跡の適地基準 ……………………………………… 89
　　　　　2. デジタル・データと分析過程 …………………………………………… 89
　　　(2) 先史集落遺跡の適地性 …………………………………………………… 91
　　第 8 節　ミッドフレーザー地域における大規模な遺跡の防御性……………… 93
　　　はじめに……………………………………………………………………… 93
　　　(1) 方法と分析過程 …………………………………………………………… 95
　　　(2) GIS を用いた集落遺跡の防御性に関する評価 ………………………… 100
　　　(3) 遺跡のサンプリング …………………………………………………… 101
　　　(4) ミッドフレーザー地域における集落遺跡の防御性 ………………… 102
　　　(5) 考　　察 ………………………………………………………………… 109
　　　(6) 結　　語 ………………………………………………………………… 111

付　　表…………………………………………………………………………… 113
引用文献…………………………………………………………………………… 117
後 書 き…………………………………………………………………………… 133
索　　引…………………………………………………………………………… 135

口絵目次

- 口絵1　ノースウェスト・コーストの環境と文化 ……………………………… 巻頭
- 口絵2　プラトーの環境と文化 …………………………………………………… 巻頭
- 口絵3　亜極圏の環境と文化 ……………………………………………………… 巻頭
- 口絵4　ローアー・リルウェットとアッパー・リルウェットのランドスケープ ………… 巻頭
- 口絵5　シックス・マイル・フィッシャリーとブリッジ・リバー・バレー ………… 巻頭
- 口絵6　ウィンド・ドライングが行われている干し小屋 ……………………… 巻頭
- 口絵7　ベニザケの処理工程 ……………………………………………………… 巻頭
- 口絵8　ギッツァン、キトセグエラのスモークハウス外観と内部 ………… 巻頭

挿図目次

- 図1-1　北米の文化領域とノースウェストの先住民 …………………………… 8
- 図1-2　コースト・セイリッシュにおける社会的階層モデル ………………… 15
- 図1-3　19世紀後半におけるチムシアン、ローカル・グループ間の序列とスキーナ川におけるLigeexの交易独占権を示すロック・アート ………… 17
- 図1-4　ハイダ、マセットの集落とモンスター・ハウス ……………………… 26
- 図1-5　ノースウェスト・コーストとプラトーにおける人骨外傷 …………… 27
- 図1-6　ノースウェスト・コーストにおける戦いと防御性集落 ……………… 28
- 図2-1　ノースウェスト・コースト、プラトーにおける年間降水量 ………… 31
- 図2-2　フレーザー・リバー流域の区分と竪穴住居跡の分布 ………………… 32
- 図2-3　19世紀におけるリルウェットのテリトリーと隣接するグループ …… 33
- 図2-4　スクアミッシュ・リルワット文化センター …………………………… 34
- 図2-5　ヘイトゥムのプランク・ハウス、竪穴住居とHatzic Rock …………… 37
- 図2-6　歴史時代集落の分布と漁場、及び採集地点 …………………………… 43
- 図2-7a　リルウェットのテリトリーとテイトにより記録された歴史時代集落の位置 ………… 47
- 図2-7b　アッパー・リルウェットにおけるテリトリーとテイトにより記録された歴史時代集落の位置に基づくティーセン多角形 ………… 48
- 図2-8　ブリティッシュ・コロンビアに遡上する主なサケ類 ………………… 52
- 図2-9　キャピラノ・リバー河口に設けられた石の堰 ………………………… 54
- 図2-10　ノースウェストにおける漁撈の多様性 ………………………………… 55
- 図2-11　プラトーにおけるサケの産卵地 ………………………………………… 56
- 図2-12　オールド・ブリッジ・フィッシャリー ………………………………… 57
- 図2-13　フレーザー・リバー東岸、ファウンテンのフィッシャリー ………… 59
- 図2-14　シックス・マイル・フィッシャリー …………………………………… 60
- 図2-15　シックス・マイル・フィッシャリーにおけるサケ漁 ………………… 61
- 図2-16　プラトー・グループ間の略奪関係に関する模式図 …………………… 65
- 図2-17　k'elelxenという地名が残るブリッジ・リバー・バレーの絶壁 …… 66
- 図2-18　トンプソンの武具と武器 ………………………………………………… 67
- 図2-19　カナディアン・プラトーにおける編年 ………………………………… 70
- 図2-20　ミッドフレーザー地域における竪穴住居跡採取試料の放射性炭素年代 ………… 72

図 2-21　カナディアン・プラトーにおける物質文化の変遷 ……………………… 74
　図 2-22　先史集落遺跡の分布と防御性に関する遺跡のサンプリング …………… 77
　図 2-23a　キートリー・クリーク遺跡と集落の変遷案 ……………………………… 79
　図 2-23b　キートリー・クリーク遺跡 ………………………………………………… 80
　図 2-24　ブリッジ・リバー遺跡と出土品 …………………………………………… 82
　図 2-25　ベル遺跡 ……………………………………………………………………… 84
　図 2-26　マッケイ・クリーク遺跡 …………………………………………………… 85
　図 2-27　エイカーズ／チキン・ガリー遺跡 ………………………………………… 86
　図 2-28　ケリー・レイク遺跡 ………………………………………………………… 87
　図 2-29　ミッドフレーザー地域における先史集落遺跡の適地性 ………………… 92
　図 2-30　ベル遺跡からの眺望分析とギブス・クリーク周囲の遠景 ……………… 99
　図 2-31　ミッドフレーザー地域における先史集落遺跡の標高 …………………… 99
　図 2-32　キートリー・クリーク遺跡、モレーン・テラスからの眺望分析 ……… 104
　図 2-33　ウェスト・ファウンテン遺跡 ……………………………………………… 106
　図 2-34　シートン遺跡からの眺望分析 ……………………………………………… 107
　図 2-35　EeRl-123 遺跡からの眺望分析と遺跡遠景 ………………………………… 108

表目次

　表 1-1　ノースウェスト「首長」の政治経済的権限 ………………………………… 13
　表 2-1　テイトによるリルウェットの集落 …………………………………………… 45
　表 2-2　歴史時代、及び先史時代集落の適地性 ……………………………………… 92
　表 2-3a　BTM の土地利用に関する再分類値 ………………………………………… 98
　表 2-3b　トブラーのハイキング関数を用いた傾斜の再分類値 …………………… 98
　表 2-4　ミッドフレーザー地域における先史集落遺跡の防御性 ………………… 100
　表 2-5　ミッドフレーザー地域における先史集落遺跡の防御性に関する総合的評価 … 101
　付　表　ミッドフレーザー地域における竪穴住居跡採取試料の放射性炭素年代　113 〜 115

序

　本書は、カナダのブリティッシュ・コロンビアを中心とする北米ノースウェストの先住民社会に関する人類考古学的研究書である。「人類考古学」とは、正確には人類学的考古学（anthropological archaeology）であるが、書名として「人類学的考古学的研究」では冗長なため、便宜的に「人類考古学」を用いている。北米の人類学は、一般的に考古学、文化・社会人類学、自然人類学の3部門から構成され、各部門は人類学の1分野であり、相互に連携するとともに学際的な研究を指向している。移民国家である北米（アメリカ、カナダ）の入植者以前の歴史とは、先住民の歴史であるから、先住民に関する人類学的知見抜きに考古学は成り立たないという背景がある。本書もそうした枠組みの中で、北米ノースウェストの先住民社会にアプローチする。

　本書は、2章から構成される。第1章は、民族誌に基づき北米ノースウェストの狩猟採集社会における社会経済的格差の起源と形成過程を追究したものである。ノースウェストの狩猟採集社会には、平等的な社会から階層化した社会が含まれ、変異と多様性がみられる。本研究は、この変異と多様性に着目し、ノースウェスト・コースト、プラトー、亜極圏の狩猟採集社会の「首長」層が政治経済的にどのような権限を保持しているかを調べることにより、格差の起源と発生要因について検討したものである。

　第2章は、定住的狩猟採集民の資源利用と集落立地に関する研究である。定住的狩猟採集民の集落立地には、環境的要因（水・森林、及び狩猟・漁撈・採集地点などの土地・資源へのアクセス）と社会政治的要因がある。本研究は、これらの要因が先史・歴史時代の集落遺跡の立地にどのように関与しているか、という観点からブリティッシュ・コロンビア、内陸プラトーの先住民リルウェットの資源利用と集落立地について調査、研究したものである。本章に関する研究の端緒は、民族誌、民族考古学に基づく定住的狩猟採集民の集落研究を通して、縄文集落、及びそのネットワークを理解するための理論的枠組を構築することにあった。研究エリアとして集落、テリトリーが地図上に記録され社会組織、物質文化、及び資源利用の研究が進んでいるカナダ、内陸プラトーの先住民リルウェットを本研究の対象とすることとした。

　リルウェットにおける歴史・先史時代集落遺跡の立地を資源利用の観点から分析すると、環境的要因が多くの集落立地における重要なファクターであることが確かめられた。しかしながら、一部の先史集落遺跡は標高の高い山腹に位置し、資源利用という環境的要因だけではこれら遺跡立地の説明が困難であった。内陸プラトーにおける民族誌を参照すると、グループ間の戦い、略奪に関する記述とともに防御性集落につ

序

いても記録が多く残る。そこで、リルウェットにおける先史集落遺跡の現地踏査を実施するとともに、地理情報システムを用いてこれらの集落立地を分析すると防御性が重要であり、上述した民族誌の記録と整合性があることが判明してきた。

　後述する通り、サケ漁は、研究エリアであるリルウェットにとり重要な生業の一つである。サケは半乾燥地帯のミッドフレーザー地域に食糧としての恵みをもたらす一方で、その漁撈に関する所有権をもとにグループ内部では経済的階層化の発達基盤ともなる。また、剰余となる保存品は近隣のグループに交易品として搬出され、その対価として富としての奢侈品などをもたらす。その一方で、サケ資源の貧弱な地域に居住するグループにとっては、当地の豊富なサケ資源は略奪の対象となり、グループ間におけるコンフリクトの原因ともなった。こうして先住民社会における地政学的環境が生成されることになる。コンフリクトのため、集落立地も資源利用という環境的要因のみだけでなく、社会政治的要因にも左右されたとみられる。こうした環境的背景をもとにしたグループ内、グループ間におけるポリティカル・エコノミーを統合的に追究することが本書の主題である。

第1章　狩猟採集社会における「首長」層の民族誌的研究

第1節　ノースウェストの人類学的枠組

　北米は広く、その気候・環境は地域により大きく異なる。そのため、各地域の環境に適応した先住民の社会・文化も多様である。北米の人類学は、19世紀末から先住民の社会・文化を「部族」、言語、生業、身体的特徴、植生、地理などを基準として体系的に分類することに力を注いできた。こうした試みの中から、文化領域（culture area）という考えが発展させられてきた。文化領域とは、類似する環境のもとで文化や社会が共通する特徴を有し、ある特定の地理的空間にまとまりをみせる領域のことである。こうした考えは、アメリカではメイソン（Mason 1907）が先鞭をつけ、ホームズ（Holmes 1914）、ウィスラー（Wissler 1922）、クローバー（Kroeber 1939）などの人類学者により発展、体系化されてきた。この文化領域の考えは、スミソニアン（Smithsonian Institution）の『北米インディアン・ハンドブック（Handbook of North American Indians）』シリーズにも受け継がれている。このシリーズでは、北米先住民の文化領域は、極圏（Arctic）、亜極圏（Subarctic）、ノースウェスト・コースト（Northwest Coast）、プラトー（Plateau）、カリフォルニア（California）、サウスウェスト（Southwest）、グレート・ベースン（Great Basin）、平原地帯（Plains）、サウスイースト（Southeast）、ノースイースト（Northeast）と分類されている（図1-1-1a）。

　本書の研究対象地域であるノースウェスト・コースト、プラトー、亜極圏もこうした文化領域の中の一つである。ただし、こうした文化領域が厳密なものかといえば、曖昧な点も残る。文化は連続的なもので漸移的に変化し、その境界では隣接する異なる文化が折衷し、明瞭な境界がないこともしばしばである。そのため、ノースウェスト・コースト、プラトー、亜極圏の境界がどこまでなのかは研究者により見解が異なる場合もある。スミソニアンの『北米インディアン・ハンドブック』は、これまでの研究成果に基づく改訂版といえる(Sturtevant 1998)。第2章で論じるミッドフレーザー地域は、『北米インディアン・ハンドブック』ではプラトーの中に分類されるが、その西隣はノースウェスト・コーストのグループ、北隣は亜極圏のグループと隣接しているため、それらの地域とのインターアクションが強く、プラトーをノースウェスト・コースト、亜極圏から単純に切り離して論じることは困難である。こうしたこともあり、人類学・考古学の分野でノースウェスト・コーストというと文字通り、コースト

第1章　狩猟採集社会における「首長」層の民族誌的研究

図 1-1　北米の文化領域とノースウェストの先住民

1a: 北米の文化領域。1b: ブリティッシュ・コロンビアを中心としたノースウェストの先住民グループ。[1a: Washburn (1988: ix 頁) から作成、1b: Museum of Anthropology at the University of British Columbia (n.d.) から作成]

側を指すが、ノースウェスト（Northwest）、あるいは太平洋ノースウェスト（Pacific Northwest）の場合、ノースウェスト・コースト、プラトー、亜極圏西部を含めて用いられる場合が多い。

　ノースウェスト・コーストとは、海岸部と山々が一体となり環境、生態系が形成された地域である。そのメイン・ランドには、氷河による侵食作用によって形成されたフィヨルド状の湾・入り江が楔状に海岸部に入組み、その背後には、山々が広がる。バンクーバー・アイランド（Vancouver Island）、クイーン・シャーロット・アイランド（Queen Charlotte Islands）のような大きな島とともに、小さな島々も多数所在する（図1-1-1b）。メイン・ランド、及び島嶼の湾・入り江は、海洋水産資源が豊富で、数多くの先住民の集落、及び遺跡が所在する。また、スキーナ・リバー（Skeena River）、フレーザー・リバー（Fraser River）、コロンビア・リバー（Columbia River）などのように、サケを量産するとともに海岸部と内陸部を結び、大動脈となる大河もある。こうした自然環境を背景に、ノースウェスト・コーストとは水産資源が豊富で、サケに加えオヒョウ、タラなどの漁撈、所によりクジラ、アシカ類などの海獣狩猟も行われ、海（maritime）や河川沿いの環境に適応した先住民のことを呼称する。ノースウェスト・コーストの先住民は海岸、島嶼、河川沿いに居住しているため、その生活（生業、移動・交通手段、集落間の往来、物資の運搬など）にカヌーは欠かすことができない（口絵1-3）。このように、水上に適応した生活形態に特徴があるため水辺の狩猟採集民（aquatic hunter-gatherers）と呼称する研究者もいる（Ames 2002）。こうした水上交通手段をもとに、小さな島嶼も集落、あるいは漁撈キャンプとして利用され、それらは水上交通のネットワークで結ばれている。

　その一方で、レイン・フォレストという豊かな森林資源を背景に、プランク・ハウス（plank house）に代表される住居には板材をふんだんに使用する（口絵1-1・2）。海岸・川沿いにプランク・ハウスを中心とする恒久的な集落が形成され、狩猟採集民でありながら社会経済的階層化が発達している。プランク・ハウス、カヌー、トーテムポールはノースウェスト・コーストを代表する物質文化であり、これらを製作するための木工技術が発達している（Suttles 1990a）。特に、トーテムポールに代表される彫刻、及び木工芸品（ボックス、仮面など）は造形性に優れている（口絵1-2・5）。とりわけ、シダー（cedar）は、バスケット、帽子、衣装、頭・頸飾りなど日常的なもの、及びレガリア（儀礼・歌舞などの際に着装し、身分・出自を表す。）として、様々な用途で使用される（口絵1-4・5、Stewart 1984）。

　ただし、ノースウェスト・コーストといっても、その面積は広大で、社会・文化的にも多様であることから、地理をもとに北部ノースウェスト・コースト（図1-1-1bでは、

およそ Tlingit、Haida、Nisga'a、Tsimshian の分布する範囲)、中部ノースウェスト・コースト（図1-1-1b では、およそ Heiltsuk、Kwakwaka'wakw の分布する範囲)、南部ノースウェスト・コースト（図1-1-1b では、およそ Coast Salish の分布する範囲や Washington 州海岸部）と細分して用いられることが一般的である（Suttles 1990a）。また、言語学的な分類を優先する場合はハイダ語（Haida）、トリンギット語（Tlingit）、チムシアン語族（Tsimshian）、ワカシャン語族（Wakashan）、セイリッシュ語族（Salishan）が用いられ（Thompson and Kinkade 1990)、特にワカシャン語族は中部ノースウェスト・コースト、セイリッシュ語族は南部ノースウェスト・コーストと互換的に用いられることも多い（Suttles 1990a）。

　これに対し、プラトーは、西はコースト山脈、東はロッキー山脈に囲まれ、海に接していない地域である。コースト山脈の西にはノースウェスト・コーストが所在し、ロッキー山脈を越えると平原地帯が広がり、そこには平原的環境に適応したプレイン・インディアンが割拠する。プラトー先住民の文化は、ノースウェスト・コーストのレイン・フォレストとは対照的に、内陸的な半乾燥地帯に適応した生活形態や物質文化に特徴がある（口絵2）。周囲が山脈に囲まれているが、フレーザー・リバーとコロンビア・リバーという北米最大規模のサケを産出する大河が諸グループ間のネットワークの基幹となっている。そのため、この地域はこれら大河の名称を取り、コロンビア／フレーザーという区画で分類されたこともあった（Mason 1907）。

　プラトーの伝統的な先住民文化には地域性が看取されるが、その特徴は、①フレーザー・リバーとコロンビア・リバー流域に居住しているグループは、食糧としてのサケへの依存とサケ漁、及びサケの加工・保存に関する技術の発達が顕著、②サケへの依存とともに根茎類の利用も顕著、③川沿いに分布する集落、④冬の竪穴住居を中心とする恒久的な集落、それに対し春夏は季節的な食糧資源（根茎類、ベリーなどの果実、セロリー類）の獲得のためキャンプに分散していくという居住形態、⑤物質文化では、陸獣の皮工芸品（衣装、モカシンなど）が発達するとともに、バスケット類の製作に優れている（Walker 1998）。

　上記の通り、プラトーのグループは半乾燥地帯の内陸に居住するため、特に、④の竪穴住居という居住様式、⑤の陸獣の皮工芸品などの物質文化に独自性が看取される。ただし、北米最大のサケを産出するフレーザー・リバーとコロンビア・リバー流域に居住しているグループは、①③については、ノースウェスト・コーストと共通する特徴を有し、ノースウェスト・コーストと同様に食糧としてのサケへの依存度がプラトーの中でも格別に高い。こうしたことから、プラトーの西端に位置するグループについては、食糧資源を基準にしてサーモン・エリア（Salmon area）として分類されたこと

もある（Kroeber 1939: 7; Wissler 1922: 9-11）。逆に、フレーザー・リバーから離れた地域では、サケ資源が貧弱で（Teit 1906: 227）、それと比例するようにサケへの依存度が低くなり、生業における陸獣狩猟の比重が大きくなる傾向がある（Brunton 1998: 236; Kennedy and Bouchard 1998b: 239-242）。こうした傾向は、先史時代後半期、古人骨の炭素安定同位体分析でも確認されており（Chisholm 1986）、継承されたものであろう。

プラトーは、カナダとアメリカの国境を境にその北側を北プラトー（Northern Plateau）、南側を南プラトー（Southern Plateau）と呼称することが一般的である。また、現今の情勢を反映して、カナダ側をカナディアン・プラトー（Canadian Plateau）、アメリカ側をコロンビア・プラトー（Columbia Plateau）と呼称することも多い（図2-3参照）。

亜極圏は、西はアラスカ、東は北米東海岸までの広域にわたり、多数のグループが所在する（図1-1-1a）。本書で対象とするのは、ユーコン（Yukon）南西部とブリティッシュ・コロンビアに所在するグループである（図1-1-1b）。これらのグループが所在するのは高緯度（およそ北緯60°〜52°）の寒冷地で、山間部と平野部にはやせた亜寒帯林（Boreal forest）が広がる。ただし、ブリティッシュ・コロンビアの亜極圏は、その南端に位置するため、ユーコン、及びアルバータ（Alberta）州に近接する地域を除けば、冬季の寒さ、積雪もそれほど顕著でない。当地域に所在するグループは、言語学的にはアサバスカン（Athabaskan）に属し、プラトーと同様に、海から離れ、内陸的環境に適応した生活形態、文化を形成している。サケの遡上が豊富なのは、スティキーン・リバー（Stikine River）、スキーナ・リバーの支流であるバルクリー・リバー（Bulkley River）などに限られるため、同流域に居住するグループなどを除き、小形・大形陸獣狩猟の生業における比重が大きい。

ユーコン南西部とブリティッシュ・コロンビアの亜極圏は、先住民のカスカ（Kaska）[1]を除き、ノースウェスト・コーストと隣接しているため、ノースウェスト・コーストと亜極圏の文化が交差している地域でもある。こうしたノースウェスト・コーストやプラトーとの地理的距離性と歴史的要因から亜極圏の先住民社会には変異が看取される。亜極圏の最南端に所在するチルコーティン（Chilcotin: *Tsilhqot'in*）はヌハルク（Nuxalk。かつて人類学でBella Coolaと呼称されていた。）とのインターアクションとともに、プラトーとのインターアクションも強く、プラトーに分類されたこともある（Kroeber 1939: 55; Ray 1942）。後述する通り、そのプラトーとのインターアクションは、非友好的なネガティブなものが目立ち、チルコーティンは亜極圏の中でも特異な位置を占める。こうした先住民グループの地理的環境から、亜極圏の先住民社会には、ア

サバスカン的な平等的社会からノースウェスト・コースト的な階層化社会が含まれ、変異と多様性がみられる。

　北米の先住民といっても狩猟民、漁撈民、農耕民と多様であるが、ノースウェスト・コースト、プラトーは、カリフォルニアとともに、狩猟採集民でありながら農耕民のように人口密度が高く、それとともに社会経済的階層化が発達し、早くから人類学・民族学者により注目されてきた（Drucker 1939; Kroeber 1939: 143-146）。次節では、「首長」の経済的権限、政治的権限の分析を通して、ノースウェストの先住民社会について考察する。

第2節　ノースウェストの先住民社会：「首長」層の機能と多様性

はじめに

　北米の人類学的考古学では、平等的で社会の単純な狩猟採集民（simple hunter-gatherers）と対比し、階層化し社会の複雑な狩猟採集民を complex hunter-gatherers と呼称している（Arnold 1996）。同狩猟採集民の社会は多様で、社会進化的観点から多くの段階を含み、平等的な社会から首長制社会への過渡的位置を占める（Hayden 1995）。北洋沿岸、ノースウェスト・コーストの狩猟採集民は、これまで社会的に複雑な狩猟採集民の代表格として人類学・考古学者により注目されてきた（Price and Brown 1985; Testart 1982; Townsend 1980）。これらの社会は、社会経済的な不平等のみならず、戦いにより政治的階層化を含む事例もしばしばみられる。特に、ノースウェスト・コーストにおける社会経済的階層化は早くから人類学・民族学者により注意され、社会経済的な意思決定力をもつ有力者は民族誌で「首長」（chief、headman、head として記述されることが多い）として記述されてきた。「首長」の地位はリネージ、世帯、クラン、フラトリー（胞族）、ムラのレベルと多様であるが、「首長」はこうした組織の中で中心的位置を占めるため、その機能の解明が階層化し社会の複雑な狩猟採集民の社会・政治組織を理解するための大きな鍵を握っている。同狩猟採集民の「首長」は首長制社会の首長と政治経済的権限について類似した特徴をもつため、これらの権限を検討することにより、社会の複雑な狩猟採集民から首長制社会への発展過程を追跡することも可能である。

　本節では、ノースウェスト・コースト、プラトー、亜極圏における「首長」の機能、特に、経済的権限と政治的権限を民族誌に基づき調べ、その変異を検討することで、狩猟採集民の社会が複雑化する過程について考究する。

第2節 ノースウェストの先住民社会：「首長」層の機能と多様性

表1-1 ノースウェスト「首長」の政治経済的権限

グループ	所有権	交易管理	富	一夫多妻	物資分配	従者・奴隷	世襲	統治	争い仲介	戦い	接客	称号	儀礼	計[a]	文献
Plateau															
Lillooet (Stl'atl'imx)	○	-	-	-	-	-	-	○	○	-	○	-	○	5	Teit 1906
Thompson (Nlaka'pamux)	-	-	○	-	-	-	-	-	-	-	-	-	○	3	Teit 1900
S. Shuswap (Secwepemc)	-	-	○	○	-	-	○	-	○	-	-	-	-	4	Teit 1909
W. Shuswap (Secwepemc)	-	-	○	-	-	-	○	-	-	-	-	-	○	3	Teit 1909
Okanagan	-	-	○	○	○	-	○	○	-	-	-	-	-	5	Teit 1930
Kootenai (Ktunaxa)	-	-	-	-	-	-	-	○	-	-	-	-	-	1	Brunton 1998
Subarctic															
Kaska	-	-	○	○	-	-	○	○	-	-	-	-	-	4	Honigmann 1954
Sekani	-	-	-	-	-	-	-	-	-	-	-	-	-	0	Jenness 1937
Carrier (Wet'suwet'en)	○	-	-	○	-	-	○	-	-	-	-	○	○	4	Jenness 1943
Chilcotin (Tsilhqot'in)	-	-	-	-	-	-	○	-	○	-	-	-	-	2	Lane 1981
Inland Tlingit	-	-	-	-	-	-	○	-	-	-	-	-	○	2	McClellan 1981a
Tagish	-	-	-	-	-	-	○	-	-	-	-	-	○	2	McClellan 1981b
Tahltan	-	○	-	○	-	-	○	○	○	-	○	-	○	7	Emmons 1911
Northwest Coast															
Haida	○	-	-	-	-	-	○	○	-	○	○	○	○	7	Blackman 1990
Gitxsan	-	-	-	-	-	-	○	○	-	○	○	○	○	6	Adams 1973
Nisga'a	○	-	-	○	-	○	○	○	○	○	○	○	○	11	Jenness 1943
Tlingit	-	○	-	○	-	○	○	○	○	○	○	○	○	10	McNeary 1976
Tsimshian	-	○	-	-	-	○	○	○	○	○	○	○	○	10	Emmons 1991
Haisla	-	-	-	-	-	○	○	○	○	○	○	○	○	11	Garfield 1939
Nuxalk	-	-	○	-	○	○	○	○	-	-	○	○	○	6	Olson 1940
Oweekeno	-	-	○?	-	-	○	○	○	○	○	○	○	○	10	McIlwraith 1948
Kwakwaka'wakw	○	-	○	-	-	-	○	-	-	-	○	○	○	5	Olson 1954
Nu-chah-nulth	○	○	○	-	-	○	○	-	○	-	-	○	○	7	Drucker 1951
Sliammon (Tla'amin)	-	-	○	-	-	○	○	-	-	-	○	○	○	6	Kennedy and Bouchard 1983
Shishalh	-	-	○	-	-	○	○	-	-	-	-	-	○	3	Hill-Tout 1904
Squamish	-	-	-	-	○	-	○	-	○	-	-	○	-	5	Hill-Tout 1900
Stolo	-	-	○	-	-	-	○	-	-	-	-	-	-	2	Duff 1952

a：ポトラッチ、饗宴などを含む。

第 1 章　狩猟採集社会における「首長」層の民族誌的研究

(1) 方　法

　ノースウェストの「首長」は政治、経済、社会、儀礼的側面に関して多くの権限をもっている。本書ではファインマンとニーゼル (Feinman and Niezel 1984) の研究を参照し、「首長」の経済的権限と政治的権限に特に焦点を合わせ検討する。両氏の研究は、サービス (Service 1962) に代表される新進化主義における線形的社会進化説（バンド (bands) →部族 (tribes) →首長制社会 (chiefdoms) →国家 (states)）への批判的検討を通して、南北アメリカ大陸（北・中・南米）の国家形成前段階の定住的社会（「部族」や首長制社会）におけるリーダーの機能、地位の目印、リーダーと物質文化の相関性などを民族誌に基づき通文化的に再検討したものである。また、これらの検討を通して、リーダーの多様性と変異について提示することで人類社会に関するタイポロジーを再構築しようとした試みである。

　本書では、ノースウェストにおける「首長」の機能、すなわち経済的権限（狩猟・採集・漁撈資源に関する所有権、交易の管理、貢の収集、富、物資の分配、一夫多妻の有無、従者・奴隷所有の有無）、及び政治的権限（イデオロギー、世襲、ムラの管理・運営、紛争への仲介・交渉、軍事力・戦いに関する意思決定、外交、称号、儀礼への関与）に焦点を合わせ、これらの 14 項目を 27 グループの民族誌に基づき検討し、各項目を 1 点とし、それらを合計することで「首長」の政治経済的権限を総合的に評価することとした（表 1-1）。なお、ノースウェストの各グループに関する民族誌は枚挙に暇がなく、本書では最も体系的に記述されている民族誌をサンプルとして主に検討対象としている。

(2)「首長」の機能と多様性

1. ノースウェスト・コースト
【経済的権限】
　ノースウェスト・コースト社会の「首長」は富裕層であり、一般的に経済力が「首長」になるための条件である。これは剰余を生産する資源、特に、豊富な漁撈資源への所有権と関わり、このアクセスがあるかどうかが、集団規模、富の蓄積と関わり重要である。そのため、漁撈資源の生産性が高くなるほど、そのテリトリーに関する競合性が高まる傾向がみられる。所有権は漁撈資源のほかに、狩猟・採集地点、及び住居、スモークハウスなどの不動産にも及ぶ。こうした所有権は世襲的に継承されることから、富裕層の形成、及び経済的階層化が生ずる要因である。そのため、富と「首長」の世襲制は相関性が高い。豊富な漁撈資源を富に変換するためには、多大な労働力（運搬、処理、加工・保存）が必要であるが、こうした経済力をもとに富裕

第2節　ノースウェストの先住民社会：「首長」層の機能と多様性

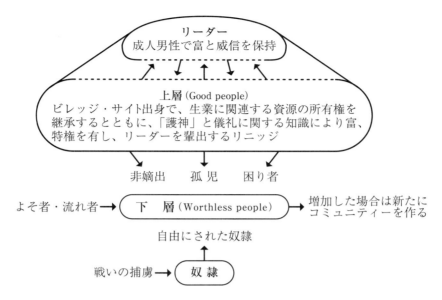

図 1-2　コースト・セイリッシュにおける社会的階層モデル［Suttles（1958: 図1）から作成］

者の代表格である「首長」は一夫多妻が可能で、それにより多くの親族を養うことや、妻方の親族の労働力も確保できる。こうして婚姻自体がより大きな親族を得るための手段であると同時に、経済力を得るための方法となる。この他にも「首長」は、労働力として従者・奴隷を所有していることが多い。

　経済的階層化の背景には、イデオロギーが裏打ちしていることも見逃せない。コースト・セイリッシュ（Coast Salish: セイリッシュ語を母語とする海岸部先住民の総称で、図 1-1-1b では①～⑲のグループが該当する。）の場合、富の蓄積は「護神」（Guardian spirits）へのアクセスに依拠し、このアクセスは社会的地位により差異がみられる（図 1-2、Suttles 1958: 501）。こうした階層化を正当化するイデオロギーは、北部ノースウェスト・コーストでも同様に看取される。トリンギット（Tlingit）やチムシアン（Tsimshian）の場合、出自の良い貴種が「理想の人物」、あるいは「真の人物」とされ、儀礼に関する知識も地位により階層化されていた（Kan 1989）。社会の単純な狩猟採集民の場合、経済的な共有、平等主義に基づき経済的階層化を抑制する倫理が働いているが、むしろノースウェスト・コースト社会では社会経済的階層化を促進する倫理が働いている（Testart 1982: 526）。ノースウェスト・コースト社会ではランク（rank）の向上、称号の獲得にはポトラッチ[2]を催す必要がある。ポトラッチとは、莫大な富や食物の贈与が行われるノースウェスト・コーストを中心に実施される冬の儀礼である。その開催には経済・労働力が必要で、主催者の力量と富が反映される。「首長」の地位はポトラッチで公認、継承されるとともに社会的地位の向上、名声の獲得には

第1章　狩猟採集社会における「首長」層の民族誌的研究

その成否が鍵をにぎっているので、ポトラッチが階層化社会を支える文化的装置ともいえる。そのため、経済力と社会的地位は相関していたであろう。こうして称号も富の蓄積の結果であり、富裕層はより多くの称号をもつことになる。

　所有権による富に加え、特に、トリンギット、チムシアンなどの北部ノースウェスト・コーストの「首長」は、内陸民アサバスカンとの交易権の掌握や、テリトリー内の主要河川への通行料を課し、その利権を獲得していた（図1-3-2、Emmons 1991: 55; Garfield 1966: 35）。また、ヌチャーヌルス（Nuu-chah-nulth。かつて人類学でNootkaと呼称されていた。）の「首長」は、所有する漁場で他者が漁撈を行う場合、貢を徴収している（Drucker 1951: 251-252）。後述するように、北部ノースウェスト・コーストの「首長」が強力なのは、こうした経済的基盤が背景にあるからだろう。

【政治的権限】

　ノースウェスト・コーストの社会政治的組織の単位はリネージ、世帯、クラン、フラトリー、ムラのレベルと多様であるが、「首長」は紛争への仲介、外交、ムラの運営などに関し意思決定力を持つ。「首長」の地位は世襲制で、世襲名は後継者にポトラッチで公認、継承される。特に、強力な「首長」の世襲名は、後述するチムシアンの首長名 Ligeex のように代々継承される。こうした世襲名はノースウェスト・コーストでは共通していること、9代遡る事例があることから（Hill-Tout 1902: 69）、初期歴史時代以前から存在したと考えられる。

　「首長」は必ずしも戦いのリーダーではないが、戦いに関する意思決定権を持つと同時に、戦士を配下にしている場合がある。ヌチャーヌルス、クワクワカワック（Kwakwaka'wakw。かつて人類学でKwakiutlと呼称されていた。）の場合、「首長」の弟、あるいは従兄弟が戦いのリーダーで、首長が戦士を傘下に収め、親族により権力を掌握していた（Boas 1966: 106; Drucker 1951: 270）。一般的に、ノースウェスト・コーストでは、戦士は一時的で専業化していないが、クワクワカワックとチムシアンの場合、戦士が専業化しつつある（Boas 1966: 106; Garfield 1966: 35）。戦士が専業化する背景には、政治的組織の発達に伴うグループ間のコンフリクトの増加、戦いの性格が関係しているのであろう。クワクワカワックの場合、ローカル・グループ（「部族」内の地域集団）間の序列化と抗争は激しく、権力への志向性が高い（Donald and Mitchell 1975）。こうした政治経済的な野心を達成するために、奴隷、食糧などを目的とした略奪がコースト・セイリッシュなどの近隣グループに向けて行われた（Mitchell 1984）。クワクワカワックの戦いが攻撃的であるのに対し、コースト・セイリッシュのそれは防御的であり、こうした戦いのあり方は各グループの社会的気質を反映している。ただし、ク

第2節 ノースウェストの先住民社会：「首長」層の機能と多様性

ローカル・グループ のランク	人口
Gispaxlo'ots	436
Kitkatla	171
Ginakangeek	265
Gitwilgiots	214
Ginadoiks	219
Gitlan	414
Gitzaklalth	115
Gitsees	219
Gilutsau	297
Kitkiata	698
Kitselas	189
Gitando	202
Kitsumkalum	145

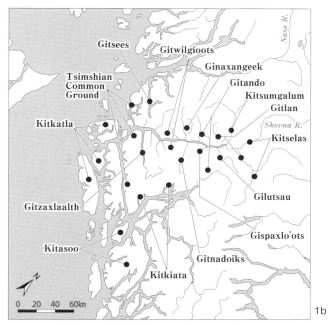

図1-3 19世紀後半におけるチムシアン、ローカル・グループ間の序列とスキーナ川におけるLigeexの交易独占権を示すロック・アート

1a: 首長Ligeex主催（1871年）、クリスマスの饗宴におけるローカル・グループ間の序列を示す。1b: ローカル・グループの地理的分布。2: スキーナ川下流に所在する赤色顔料で描かれた岩絵。顔は、Ligeexを示し、その左には富と権威を示威する7つのコッパー（銅器）が描かれ、スキーナ川の交通に睨みをきかせている。岩絵は、1880年代にチムシアンのアーティストによって描かれたとされる（Lundy 1983）。[1a: Coupland et al. (2001: 表1) から作成、1b: Coupland et al. (2001: 図1) から作成、2: Rob Bryce氏撮影・提供]

第1章　狩猟採集社会における「首長」層の民族誌的研究

ワクワカワック、ヌチャーヌルスの戦士は富裕層でもなく、社会的地位も高くはない（Boas 1966; Drucker 1951）。ノースウェスト・コーストでは、軍事力のみが政治的権力を掌握する方法ではなく、そのため、軍事組織は発達していない。

　特に注目されるのは、強力なグループほど政治的組織の発達と統合化が進んでいたことである。上述のように、クワクワカワックの場合、ローカル・グループが序列化されていた。ヌチャーヌルスの場合、弱小グループの政治的組織はローカル・グループの段階にとどまっていたが、強力なグループは「首長」の配下、夏村をもとに複数のローカル・グループから構成される同盟関係が形成されていた。こうした同盟関係の形成には、良好な漁場をめぐり紛争が絶えず集団間の吸収、合併による政治的階層化が進んでいたという背景がある（Drucker 1951: 220-243; McMillan 1999）。

　チムシアンも「首長」の権威が強く、最有力「首長」のもとにローカル・グループが序列化され、その政治的統合化はノースウェスト・コースト社会のなかでも最も進んでいた（図1-3）。特に、19世紀半ば、Gispaxlo'ots の首長 Ligeex はハドソン・ベイ・カンパニー（Hudson's Bay Company）との毛皮交易を独占後、スキーナ・リバーとナス・リバー（Nass River）流域を配下にした。この前後には Ligeex の他に Kitkatla の Tsibassa という有力な首長がいたが、Ligeex がチムシアンの中で最高位のランクを占めていた（Martindale 2003）。

　このように強力な「首長」が北部ノースウェスト・コーストなどに存在するのに対し、ヌハルクやコースト・セイリッシュの「首長」の権威は弱かった。コースト・セイリッシュの場合、ムラを越えた「首長」の権威はなかったといわれ、政治的統合化は緩やかである（Angelbeck 2009; Suttles 1990b: 464-465）。こうした「首長」の権威の低さは、ヌハルク、コースト・セイリッシュともにランクが未発達であったことが関係している（McIlwraith 1948: 141、158）。事実、コースト・セイリッシュの場合、集落の居住者が流動的で、ランクの発達はみられない（Duff 1952: 85; Suttles 1958: 505）。こうしたことから、ノースウェスト・コーストでは政治的統合化とランクの発達は連動していたとみてよいだろう。

　表1から、北部ノースウェスト・コーストの「首長」が政治経済的に多くの権限を持っていることが読み取れる。それに対し、コースト・セイリッシュの権限は少ない傾向がある。こうした点はノースウェスト・コーストの「首長」が多様であると同時に、北部ノースウェスト・コーストの「首長」がいかに強力であったかを示すものであろう。

2. プラトー

プラトーでは、ノースウェスト・コーストに隣接するグループAとそうでないグループBでは、「首長」の政治経済的権限が異なる。グループAにはリルウェット、西部シュスワップ（図2-16のCanon Division[3]など）、グループBにはトンプソン、オカナガン（Okanagan）、南部シュスワップ（図2-16のKamloops Division、Bonaparte Division(Pavilion Band除く)など）が該当する。後述する通り、グループBは、ノースウェスト・コースト的な社会的階層や所属するグループの紋章を示すクレスト（crest）といった制度はなく、プラトー本来の古い社会組織を維持しているとされる。一方、グループAは、隣接するノースウェスト・コーストの諸グループから社会的階層、クレストといった制度を取り入れて、ノースウェスト・コーストに類似する社会組織に変容していったとみられる（Teit 1909: 569-577）。こうしたノースウェスト・コーストとのインターアクションの有無や、その度合により「首長」の政治経済的権限も異なる。以下、グループA・Bに分け、「首長」の政治経済的権限について検討する。

プラトー・グループA（リルウェット、西部シュスワップ）
【経済的権限】
ノースウェスト・コーストに隣接するグループの場合、漁場、狩場（罠猟を仕掛ける場を含む）、ベリー、根茎類などの採集地点、あるいは橋などの不動産に関する所有権も発達し、こうした所有権が貴種に属する例もみられる。リルウェットの場合、財産は家族で分割相続されるが、漁撈場所（fishing station）は子息に相続される（Teit 1906: 255）。また、定置漁具を設置するような重要な漁場には、クレストを柱、樹木に彫刻するなどして所有権を示威する（Teit 1906: 256）。こうした所有権をもとに、「首長」が平民、あるいは他者から借料を集める場合もある。ただし、狩場、採集地点は、集落から距離が離れるにつれ公共性が高まり、所有権も希薄になる傾向が看取される（Teit 1906: 256、1909: 582-583）。

【政治的権限】
ノースウェスト・コーストに隣接するグループは、階層化社会で貴種（noblemen）、平民（common people）、奴隷（slaves）から構成される。西部シュスワップの貴種には、特権があり、貴種同士で結婚することが一般的である。貴種の身分は世襲制で、男系と女系の両者がある。世襲首長（hereditary chief）は、貴種に属している（Teit 1909: 575-577）。リルウェットの場合は、カウンシルがあり、世襲首長はその意思決定に影響力がある（Teit 1906: 257）。ノースウェスト・コーストと同様に、ポトラッチが催

されるが、その背景にあるのは既述した所有権などに基づく経済力で、有力者の力と富を誇示する場でもある (Teit 1906: 258、1909: 583)。

プラトー・グループ B（トンプソン、オカナガン、南部シュスワップ）
【経済的権限】
　南部シュスワップの場合、漁場、狩場、採集地点はグループ所有で、公共性が高い (Teit 1909: 572-573)。トンプソンも所有権は、漁撈場所とシカ猟用の柵以外は未発達で、狩場、ベリーと根茎類の採集地は共有とみなされている (Teit 1900: 293-294)。オカナガンも個人が設置したもの（シカ用柵、罠）、あるいは所持できるもの（武器、犬など）以外は共有である (Teit 1930: 277)。

【政治的権限】
　南部シュスワップには世襲首長が各バンド（集落/ムラレベルの社会集団）にいるが、特権はない。貴種 (nobility)、特権階級、クレスト、クラン、トーテム（ある集団がある特定の動植物、あるいは他の事物と特殊な関係をもつとする信仰）もない (Teit 1909: 569-570)。トンプソンの場合、集団構造が流動的で、地位は資質や富、知識、雄弁、武勇などの功績により決定され、世襲首長、貴種というものは存在しない。「首長」専用の衣類、装飾品もない (Teit 1900: 289-290)。オカナガンには、世襲首長と非世襲首長がいる。女性の「首長」はいない。非世襲首長は、富をなしたもの、あるいは戦功などの功績による。「首長」の主たる役割は、グループをまとめることで、権威はなく、むしろ公共の意見が尊重される。恒久的なカウンシルもない。冬と夏で居住集団の構成メンバーが変わるなど、集団構造は流動的で、社会組織もこうした流動性に適した形態をしている (Teit 1930: 261-263)。

　なお、グループA・Bともに戦いには「首長」とは別のリーダーがいるため、「首長」は軍事力を掌握しているわけでない。後述する通り、プラトーでは戦いに関する記録が多くみられるが、夜襲が主で、敵のテリトリーで包囲攻撃ができるほどの軍事力はない。略奪となる標的は孤立した集落、テリトリー境界で採集などのために少人数で行動している女性が対象となる事例が多い (Teit 1900: 267, 289-290、1906: 235、255、1930: 261-263)。

3. 亜極圏
　ユーコン南西部とブリティッシュ・コロンビアの亜極圏グループは、それぞれ隣接するノースウェスト・コーストのグループとのインターアクションがある。先住

民のタールタン（Tahltan）、タギッシュ（Tagish）はトリンギットと、キャリアー（Carrier）はギッツァン（Gi{x}san）と、チルコーティンはヌハルクとインターアクションが強く、それぞれ隣接したグループから社会制度も取り入れている。ただし、キャリアーでもギッツァンとインターアクションが強いバルクリー・リバー流域のキャリアー（Northern Carrier: *Wet'suwet'en*）と同流域以外のキャリアー（Southern Carrier: *Dakelhne*）ではシュスワップと同様に社会組織に相違がみられる（Tobey 1981）。こうしたノースウェスト・コーストとの婚姻関係、交易などによるインターアクションの程度により亜極圏のグループは、大きくグループC〜Fの変異が看取される。グループCは、セカニ（Sekani）、カスカが該当する。両者は、ノースウェスト・コーストとのインターアクションはあるが、間接的でアサバスカン的な社会組織を保っている。グループDは、タールタン、タギッシュ、インランド・トリンギットが該当する。ノースウェスト・コーストの社会組織を取り入れているが、アサバスカン的な様相を残すグループで、グループCと後述するグループEの過渡的位置を占める。グループEは、バルクリー・リバー流域のキャリアーが該当する。ノースウェスト・コーストとのインターアクションが直接的、かつ頻繁なため社会・文化的変容が顕著なグループで、ノースウェスト・コースト化したアサバスカンといえる。グループC、D、Eのいずれとも異なるのがチルコーティンである。既述の通り、チルコーティンはヌハルク、及びプラトー・グループとのインターアクションも強い。そのため、亜極圏の中でも特異な位置を占め、グループFとして別枠で分類している。

　こうしたインターアクションを背景に「首長」の政治経済的権限も異なる。後述する通り、グループD・Eにみられる変容は、特に19世紀における毛皮交易によりノースウェスト・コーストと隣接するアサバスカンの交易が促進され、アサバスカン社会のノースウェスト・コースト化が加速化されたことによる（McClellan 1981a: 469、1981b: 489）。以下、グループごとに「首長」の政治経済的権限について検討する。

亜極圏グループC（セカニ、カスカ）
【経済的権限】
　セカニの各バンドには狩場のテリトリーがあるが、食糧はメンバーで共有される平等的社会である（Jennes 1937: 44）。カスカも狩猟・漁撈はテリトリー内で自由にでき、食糧の共有を維持するために互恵が旨とされ、所有権は未発達である。ただし、富者の場合は一夫多妻もある（Honigmann 1954: 86-90）。セカニとカスカの場合は、資源が共有されることで、生業における狩猟のリスクを減少させることと、経済的格差の発現が抑制される傾向がみられる。

第 1 章　狩猟採集社会における「首長」層の民族誌的研究

【政治的権限】

　セカニにはリーダーがいるが、世襲ではなく、その地位は狩猟に卓越していることが条件であり、権威もない。ノースウェスト・コーストのフラトリー、ポトラッチが取り入れられているが、年間を通した長期間にわたる狩猟活動のため居住に関する移動性が高く、ポトラッチは狩猟から解放される 6・7 月に行われ、フラトリーも狩猟期間中は機能しなくなる。ポトラッチ自体も歌舞などがなく、簡略化されており、クレストに関する物質文化（仮面など）も発達していない（Jennes 1937: 44-49）。

　カスカには富者、貧者、奴隷という階層があるが、富者、あるいは貧者になるかは、狩に優れ指導的な立場になれるかどうか、あるいは肉、毛皮などの剰余を生産することができるかどうかであり、その地位は流動的である。つまり、リーダーには狩猟に卓越することと、その剰余から生まれる富が条件となる。その地位は子息が後継するが、狩猟に長けず、貧しければ他のものがリーダーとなる（Honigmann 1954: 84-87）。そのため、ノースウェスト・コーストのように地位が世襲されることはない。戦いには、別のリーダーがいるとみられるが、権力があるわけではない。戦いの原因は、狩場への侵犯、人身略奪などへの報復で、一般的に防御的なものとされる（Honigmann 1954: 92-97）。

亜極圏グループ D（タールタン、タギッシュ、インランド・トリンギット）

【経済的権限】

　タールタンには家系（families）ごとにテリトリーがあり、最も重要な相続権は狩猟する権利である。ただし、他所のテリトリーを横断中に食糧を得るための狩はできるが、その毛皮はテリトリー所有者に与える必要がある（Emmons 1911: 28）。毛皮交易により商品としての毛皮が浸透するとともに、テリトリーと所有権が発達していくなかで、グループ C にみられた食糧共有の痕跡もうかがえる。タギッシュの場合、ほとんどの土地にはクランごとの所有権があるが、狩が実施されていない場合は他のクランでも使うことができ、狩場のテリトリーはあるが、柔軟性が看取される（McClellan 1981b: 489）。

【政治的権限】

　タールタン社会にはフラトリーがあり、その社会は、貴種、平民から構成されるが、その境界は厳密でない。少数ながら、奴隷もいた。貴種になるためには、富の蓄積、饗宴を開催すること、所有物を分け与えることが肝要である。「首長」の地位は、兄弟、あるいは母方の甥、従兄弟に継承される。ただし、富と人柄が条件となる。女性は、

「首長」になれない。「首長」の地位は、力（権威）よりも名誉であり、権力への志向性は低い。長老とともに「首長」が集まるカウンシルがある。「首長」は、争いの調停を行い、あらゆる儀礼の際に席次が優先される。饗宴の際にはもてなしを受け、より多くの贈り物を受け取る。ただし、「首長」も他の者と同様に生業（狩猟）に従事し、身内の貧しいものなどの扶養もしなければならない。戦士の階級はないが、戦いの時には、「首長」が実質的なリーダーとなる（Emmons 1911: 27-30）。

タギッシュには、半族（moeity）ごとに頭（headman）がおり、狩猟に長けた人物がリーダーになる。ただし、ローカル・グループを管轄するだけの力はない。地位の高い男女に支えられ、各リニッジの男性長老が狩猟、交易、ポトラッチを統括し、争いの調停を行う（McClellan 1981b: 485-489）。

インランド・トリンギットは、トリンギットの半族を取り入れている。その社会には、ランクがあるが、長期にわたる狩猟活動のために居住集団は適宜編成され流動的である。地位の高いリニッジの頭（heads）、あるいは優秀なハンターがリーダーとなり、争いの調停、仲裁などを行うが、強制力はないとされる（McClellan 1981a: 475-479）。インランド・トリンギットの場合、戦いごとにリーダーが選ばれるが、クランのリーダーらが戦い（raids）のために連合することはほとんどない（McClellan 1981a: 478）。

亜極圏グループ E（バルクリー・リバー流域のキャリアー）
【経済的権限】

サケの遡上が豊富であることと関連して、フラトリーのテリトリー内ではクランごとに湖、川への漁撈権がある（Jennes 1943: 488）。また、フラトリーごとに狩場のテリトリーがあり、その境界は厳格で、「首長」はテリトリーを管轄するとともに、争いが生じた場合は仲裁する（Jennes 1943: 483、487）。「首長」は奴隷を所有することで、非親族以外の労働力を確保している（Jennes 1943: 518）。

【政治的権限】

ローカル・グループは、4 ないし 5 のフラトリーから構成され、各フラトリーは、複数のクランから構成される。「首長」には、フラトリーとクラン・レベルのものがあり、フラトリー首長は、クラン首長を兼ねている。貴種、平民、奴隷から構成される階層化社会で、ランクがある（Jennes 1943: 483-485）。クラン首長は、同族の貴種が支持基盤となり、その中でも最も有力なクラン首長がフラトリー首長になる。フラトリー首長同士は、同等の地位にあるが、最大閥の影響力と権威が大きかったとされ

る（Jennes 1943: 483-485）。

　「首長」（chieftain）の地位は、ポトラッチ実施後、通常、姉妹の子息に継承される（Jennes 1943: 513-514）。称号は地位と相関し、貴種の証となる。称号は継承されるが、承認されるためにはポトラッチを催す必要がある（Jennes 1943: 489）。「首長」のプランク・ハウスは、ポトラッチ、饗宴を催すため最も大きい（Jennes 1943: 518）。饗宴の席次は厳格で、地位により決まる（Jennes 1943: 490-491）。戦いを指揮するためには軍資（戦士を集めることと、戦いのための食糧確保）が必要で、そうした経済力を持つのは「首長」だけに限られる。戦いの成功裏には、すべての捕虜が「首長」の奴隷となる（Jennes 1943: 518）。

亜極圏グループ F（チルコーティン）
　チルコーティンはヌハルクとのインターアクションが強く、その社会にはノースウェスト・コースト的な階層（貴種、平民、奴隷）とクランがあったとされるが（Teit 1909: 786）、居住に関する移動性が高く、社会構造が流動的で、「首長」はいなかったとされる（Lane 1981: 406-408）。

（3）考　察

　既述の通り、ノースウェストは地理的に広大で、環境も多様である。こうした多様な環境下で、平等的で社会が比較的単純な狩猟採集民から階層化し社会の複雑な狩猟採集民も存在し、変異が看取された。ノースウェストの「首長」の機能は、文化領域ごと、さらに文化領域内でも異なる場合がある。
　亜極圏では、ノースウェスト・コーストとのインターアクションの程度により「首長」の機能に関する変異が看取された。グループＣの場合、互恵が旨とされる平等的な社会である。狩猟に優れていることが「首長」の条件で、世襲制はない。カスカには社会的階層があるが、その地位は流動的である。狩猟活動の比重が大きいこととその期間が長いため、セカニのようにポトラッチが取り入れられてもノースウェスト・コーストのようには機能しない。こうした背景にあるのは、ノースウェスト・コーストとの生業の差異と生業スケジュールの相違であろう。ノースウェスト・コーストの場合、夏の漁撈で剰余を蓄え、冬は貯蔵食糧で越冬し、ポトラッチなどの儀礼が集中する時期である。それに対し、グループＣは、セカニのように狩猟のため冬は居住に関する移動性が高く、ポトラッチは夏に行われており、その変容が顕著である。グループＤの場合、フラトリー、半族が取り入れられ、ポトラッチも普及している。ただし、生活の基盤は狩猟活動にあるので、富に加えて狩猟に優れていることが「首

第2節　ノースウェストの先住民社会：「首長」層の機能と多様性

長」の条件で、権力への志向性は低い。グループ E の場合、ノースウェスト・コーストと主要な生業（漁撈）が共通し、ポトラッチを受け入れた場合も生業スケジュールとうまく適合できる。こうした社会では、ポトラッチとランクも連動して機能することとなる。このような条件とともに、毛皮交易により奢侈品としての陸獣毛皮の重要性が高まり、キャリアーとギッツァン、及びヌハルクとの交易、婚姻関係が加速化され、ノースウェスト・コーストの社会組織や物質文化もキャリアーに受容されることとなる（Tobey 1981: 417-421）。そうした中、「首長」もほぼノースウェスト・コーストと同様な政治経済的権限を有しているとみられる。アサバスカン社会のグループ C → D → E という変容過程と社会の複雑化が相関していることが看取される。これらのグループは、主に北部ノースウェスト・コーストとのインターアクションにより社会が変容していることに特徴がある。一方、チルコーティンは中部ノースウェスト・コースト、プラトーとのインターアクションが強いため、こうした地政学的環境から、アサバスカンでありながらグループ C、D、E とは異なる社会的進化をとげたものとみられる。

　亜極圏の社会、政治的組織はバルクリー・リバー流域のキャリアーを除き、ノースウェスト・コーストに比べ単純である。亜極圏グループ「首長」の政治経済的権限に関する点数がキャリアー、タールタンを除き低いのは、こうした点を反映しているのであろう（表1）。亜極圏グループにおける「首長」の機能に関する変異を検討することで、社会の複雑化と「首長」の発展過程が連動していることが読み取れる。

　プラトーでは、ノースウェスト・コーストに隣接するグループ A は階層化社会であるが、グループ B は、社会的階層がなく、集団構造も流動的である。亜極圏と同様に、ノースウェスト・コーストとのインターアクションによるグループ B →グループ A という社会の変容過程が指摘される（Teit 1909: 569-577）。ただし、グループ A における階層化の度合は、コースト・セイリッシュと同様に緩やかとみられ、「首長」の政治経済的権限に関する点数は総じて低い（表1-1）。

　既述の通り、ノースウェスト・コーストの「首長」の機能も変異が看取されるが、強力な「首長」は首長制社会の首長と以下の点で共通した特徴をもつ。1) 世襲制、2) 社会政治的に最高位である。ただし、サービス（Service 1962）の首長制社会＝再分配社会説への批判以降、首長制社会の定義は研究者により様々である。カーネリオ（Carnerio 1981）による首長制社会は、ムラの統合度と恒久的な首長の地位に重点がおかれていた。アーノルド（Arnold 1996）は非親族の労働力管理と世襲制に重点をおき、社会の複雑な狩猟採集民を単純な段階の首長制社会（simple chiefdom）と同意味に用いている。ヘイデン（Hayden 2004）は経済・社会・政治的階層化を首長制社会の特

第1章 狩猟採集社会における「首長」層の民族誌的研究

徴とみなし、その中でも政治的階層化を首長制社会の根本条件とみなしている。

既述した、チムシアンの世襲首長 Ligeex は、19 世紀にはスキーナ・リバーとナス・リバー流域を配下にしていたので、カーネリオの首長制社会の段階まで既に到達していたとみられる（Martindale 2003）。ただし、こうした見解とは異なる主張もある。ミッチェル（Mitchell 1983）は、Ligeex の地位が不安定で、権威が他のグループには及ばなかったとし、チムシアンを首長制社会とはみなしていない。ヌチャーヌルスも紛争により集団間の吸収、合併による政治的階層化が進んでいたので、特に同盟関係を形成したグループは、いずれの定義においても首長制社会に極めて近い。

しかしながら、以下の点でノースウェスト・コーストの「首長」は首長制社会の首長と相違がみられる。1）必ずしも戦いのリーダーではない。2）また個別に戦い、あるいは儀礼に関するリーダーがいるため、「首長」のもとに権力が集中しにくい。3）単一のポリティ（polity: 政体）が発達していなかった。この理由としては a) ポリティがローカル・グループ間の勢力均衡で成立している。b) 軍事力の規模が小さく、戦いは略奪（奴隷、食糧など）が目的で（そのため、正面作戦による戦いよりも夜襲が主である）、敵のテリトリーを征服することではないことなどによるのであろう。こうした観点から、ジョンソンとアール（Johnson and Earle 2000）は、ノースウェスト・コースト社会をむしろ単純な首長制社会の前段階であるローカル・グループ、あるいはビッ

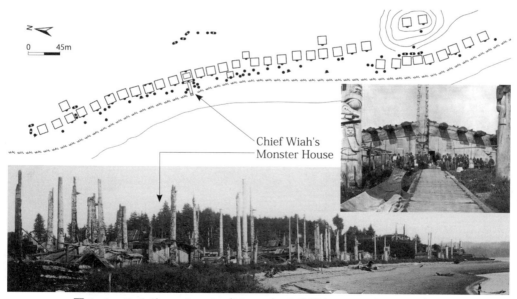

図 1-4　ハイダ、マセット（Masset）の集落とモンスター・ハウス

集落中央付近に儀礼用ボードウォークを伴う首長 Wiah の巨大なプランク・ハウスが位置する。●はトーテムポールを示す。［上段地図：MacDonald（1989: 69 頁）をトレース、中段写真：Edward Dossetter 1881 年撮影、下段写真：George Dawson 1878 年撮影、中・下段写真は Bill Reid Centre at Simon Fraser University のデジタル・コレクションを同機関のご厚意により掲載］

第2節　ノースウェストの先住民社会：「首長」層の機能と多様性

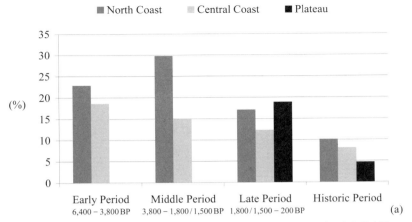

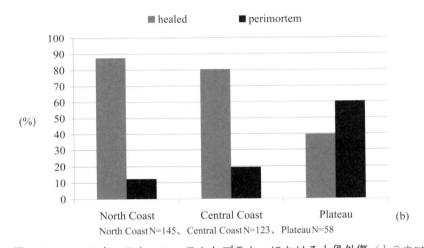

図1-5　ノースウェスト・コーストとプラトーにおける人骨外傷（トラウマ）
(a) は、地域ごとの人骨外傷に関する頻度の時期的な変化を示す。(b) は、地域ごとの回復性損傷と致死損傷の比率を示す。[Cybulski（2006: 図5・6）のデータから作成]

グマン（財産の贈与などで名声を高め、儀礼的交換や同盟関係を指揮する地域的リーダー）社会とみなしている。

　先に検討してきたとおり、ノースウェスト・コースト社会は政治的統合度という観点からすれば多様であるが、強力なグループほど戦士、軍事力の役割が増加しつつある点は注目すべきであろう。こうした点は、政治的統合化の発達とともに社会的に複雑な狩猟採集民が首長制社会の形成に向かう過程の一事例を示しているといえる。

　このような政治的統合化とランクの発達は、入植者との接触以前から胎動していたであろう。初期歴史時代（19世紀初頭）のヌチャーヌルス、ローカル・グループ

第1章　狩猟採集社会における「首長」層の民族誌的研究

図1-6　ノースウェスト・コーストにおける戦いと防御性集落
1: 武具、武器（弓矢、短剣）を着装したトリンギットの戦士。Tomas de Suria 1791年作。
2: クアドラ島ポイント・マッジ（Point Mudge）におけるコモックス（K'omoks）の防御性集落。William Alexander 1798年作。［1: Wagner (1936: Pl. III) をトレース、2: Edward E. Ayer Art Digital Collection (Newberry Library) 蔵］

のモワチャト（Mowachaht）の世襲首長マキィーナ（Maquinna）が統括するユコット（Yuquot）ムラは約20軒のプランク・ハウスから構成され、その最も小さなものの長軸は約12mであるのに比べ、彼のそれは約46mで大きいことに加え一際高く、ランクにより住居の規模が異なっていた（Jewitt 1824: 67-68）。この世襲首長を中心とした集落構成のあり方は、北部ノースウェスト・コーストでは一般的で、初期歴史時代の社会経済的階層化を良く示している（図1-4）。

初期歴史時代以前の人骨外傷（トラウマ）の比率は、北部ノースウェスト・コースト中期（ca. 3,800–1,800/1,500BP）で29.8%、後期（ca. 1,800/1,500–200BP）で17.1%、中部ノースウェスト・コースト中期で15.1%、後期で12.3%と高い（図1-5、Cybulski 2006）。また、ノースウェスト・コーストでは数知れない防御性集落が知られ、戦いの起源は少なくとも3000年は遡る（図1-6、Moss and Erlandson 1992）。これらの事実は、歴史時代以前からノースウェスト・コーストにおけるコンフリクトの存在、政治的統合化とランクの形成が台頭していたことを示唆している。

第1章注

1) 以下、本書での先住民グループ名称に関する日本語表記は、綾部ほか（2000）を参照している。先住民グループ名称に関する英語表記は、基本的にMuseum of Anthropology at the University of British Columbia（n.d.、図1-1-1b参照）に依拠しているが、コースト・セイリッシュについては、各グループの公式ウェブサイトを参照して改訂している場合がある。

第 2 節　ノースウェストの先住民社会：「首長」層の機能と多様性

2) ポトラッチには、追悼ポトラッチ（memorial potlatch）、葬儀ポトラッチ（funeral potlatch）などがある。ポトラッチの開催期間中、グループ内外のゲストが招待され、饗宴、歌舞が数日間、実施される。ポトラッチは、カナダ政府の同和政策により1884年、法的に禁止される。そのため、先住民の文化は、儀礼、歌舞などを伝承する場の喪失と関連する物質文化（仮面などの工芸品）が流失し、大打撃をうけることになる。1951年、ポトラッチを禁止する法が廃案され、ポトラッチは復活することになる。
3) 後述する通り、テイト（Teit 1900: 171-174、1906: 196-198）はトンプソンとリルウェットのローカル・グループ・レベルの社会集団にはBandを用いている（図2-16参照）。一方、シュスワップのローカル・グループ・レベルの社会集団にはDivision、ローカル・グループの下位組織（集落／ムラレベルの社会集団）にはBandを用いている（Teit 1909: 457-462）。本書のトンプソン、リルウェット、シュスワップの社会集団名称に関する記述は、テイトのそれぞれの民族誌にそのまま準拠している。

第2章　定住的狩猟採集民の資源利用と集落研究

第1節　ミッドフレーザー（Mid-Fraser）地域の概要

　カナディアン・プラトーは、西は氷河が所々に残るコースト山脈（Coast Mountains）、東はロッキー山脈（Rocky Mountains）に囲まれた地域である。その地理は多様であるが、コースト山脈、及びロッキー山脈の近くでは地形的に起伏が大きく、一方、それらの山脈の狭間に位置する地域（特に、亜極圏に隣接するプラトー北側）の地形は平坦で、なだらかな傾向がある。プラトーに隣接するノースウェスト・コーストは、およそ6月から9月まで雨の少ない乾期で、11月から2月までは雨の多い雨季である（図2-1）。この冬季の降雨によりシダーに代表される樹木は大きく成長するため、ノースウェスト・コーストの森林はレイン・フォレストとも呼称される。対照的に山脈の雨陰（rainshadow）となるプラトーは、年間の降雨量の少ない半乾燥地帯である。

　言語学的には、カナディアン・プラトーの先住民リルウェット、トンプソン、シュ

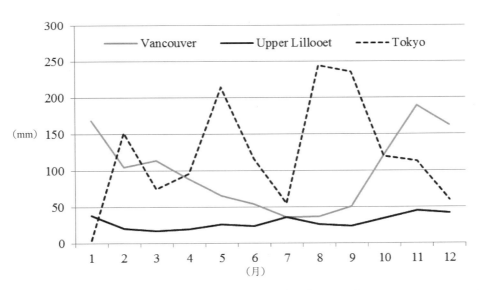

図2-1　ノースウェスト・コースト（バンクーバー）、プラトー（アッパー・リルウェット）
　　　における年間降水量
［データの出典］
Vancouver: Environment Canada（n.d.a）Canadian Climate Normals 1981 – 2010 Station Data、VANCOUVER INTERNATIONAL AIRPORT
Upper Lillooet: Environment Canada（n.d.b）Canadian Climate Normals 1981 – 2010 Station Data、LILLOOET SETON BCHPA
Tokyo: 気象庁（n.d.）東京　降水量の月合計値 2011年

スワップなどは、セイリッシュ語族に属する言語の話者であることから、コースト・セイリッシュに対してインテリアー・セイリッシュ（Interior Salish）と呼称される（Kinkade et al. 1998）。コースト・セイリッシュとは、ブリティッシュ・コロンビアの南部からアメリカ、ワシントン州海岸沿いのセイリッシュ語を母語とする先住民を総称し、北部コースト・セイリッシュ（図1-1-1bでは①〜⑥のグループ）、中部コースト・セイリッシュ（図1-1-1bでは⑦〜⑲のグループ）、南部コースト・セイリッシュ（ワシントン州のグループ）と区分されることもある（Kennedy and Bouchard 1990; Suttles 1990b; Suttles and Lane 1990）。コースト・セイリッシュは多くのグループを含むが、言語のみならず社会・文化的に共通性を有する。ブリティッシュ・コロンビアのフレーザー・リバー流域には、下流からスクアミッシュ（Squamish）、マスクウィーム（Musqueam）、コキトラム（Kwikwetlem）、ケイツィー（Katzie）、ストロー（Sto:lo）などのグループが割拠する（図1-1-1b）。これらフレーザー・リバー流域のグループとバンクーバー・アイランド東岸のカウィチャン（Cowichan）などは、セイリッシュ語族の1言語であるハーコメレム語（Halkomelem）を共通母語とし、ジョージア海峡（Georgia Strait）を隔てて往来は頻繁である（Suttles 1990b）。

　フレーザー・リバーは、ホープ（District of Hope）から上流では川幅が狭く、キャニオン地形を形成し、ホープから山中を抜けた下流では川幅が広くなると同時に流れも緩やかになる。フレーザー・リバー下流には、その氾濫による広大なデルタが形成されている。こうした地理的特徴をもとにフレーザー・リバー流域は、下流からロー

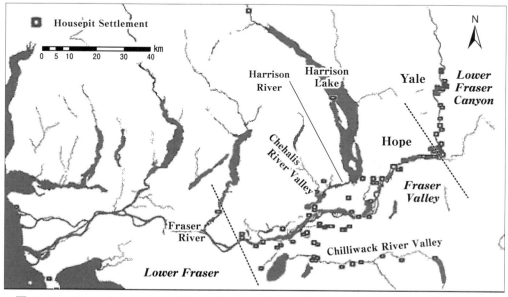

図2-2　フレーザー・リバー流域の区分（点線は便宜的な境界を示す）と竪穴住居跡（□）の分布　[Schaepe (2009: 図4-1) から作成]

第1節　ミッドフレーザー地域の概要

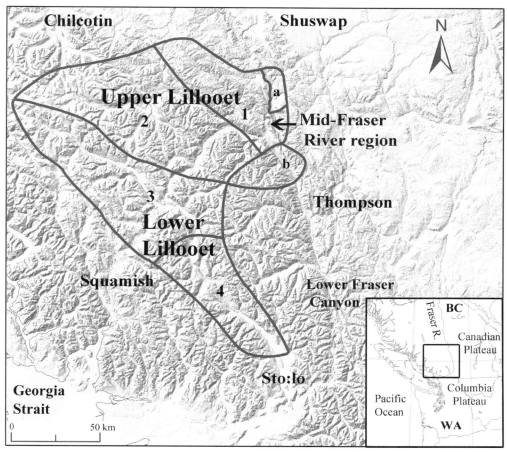

図2-3　19世紀におけるリルウェットのテリトリーと隣接するグループ
テリトリーはケネディとブシャール（Kennedy and Bouchard 1998a：図1）に基づく。
1：フレーザー・リバーバンド、2：レイク・バンド、3：ペンバートン・バンド、4：リルウェット・リバー・バンド。aは1900年以前はシュスワップのテリトリー、bは1850年以降、トンプソンと混合した地域を示す。

アー・フレーザー（Lower Fraser）、フレーザー・バレー（Fraser Valley）、ローアー・フレーザー・キャニオン（Lower Fraser Canyon）と呼称される（図2-2）。この流域には、現在でも上述したグループの先住民居留地（Indian reserves）、そして先史集落遺跡が多数所在する。こうした背景には、フレーザー・リバーの魚類資源（特に豊富なサケ）と同流域が交通の要衝となり、遺跡の集中、あるいは分布と大きく関わっていたものであろう（Schaepe 2009）。さらにその上流は、ミドル・フレーザー・キャニオン（Middle Fraser Canyon）、略してミッドフレーザー・キャニオン（Mid-Fraser Canyon）、あるいはミッドフレーザー地域（Mid-Fraser region）などと呼称され、トンプソン（Thompson: *Nlaka'pamux*）、リルウェット（Lillooet: *Stl'atl'imc*）、シュスワップ（Shuswap: *Secwepemc*）が割拠する（図1-1-1b、図2-3）。

第 2 章　定住的狩猟採集民の資源利用と集落研究

図 2-4　スクアミッシュ・リルワット文化センター（Squamish Lil'Wat Cultural Centre）
スクアミッシュ、リルワット（ペムバートン・バンド）両グループの博物館を兼ねた施設で、スクアミッシュとリルウェットの境界近くのウィスラーに所在する。建物正面、左側の彫刻はスクアミッシュ、右側の彫刻はリルワットによるもので、その造形は対照的である。敷地内には、プランク・ハウス（2）と竪穴住居（3）が復元されている。[1～3: 2012 年 2 月 7 日筆者撮影]

　ミッドフレーザー地域は、海岸部から遠く離れているが、フレーザー・リバーという交通の大動脈、及びローアー・リルウェット（Lower Lillooet）を通して文化・社会的にもノースウェスト・コーストとのインターアクションが強い地域である。シートン・レイク（Seton Lake）がミッドフレーザー地域への入口であり、ローアー・リルウェットとアッパー・リルウェット（Upper Lillooet）を結ぶ交通の要衝でもある（図2-6、図 2-7a・b）。ミッドフレーザー・リバー流域では、交通手段としてのカヌーは岩礁のない流れの緩やかな所でのみ利用可能である。一方、湖面の穏やかなシートン・レイクとアンダーソン・レイク（Anderson Lake）はカヌーが利用でき、ローアー・リルウェットとアッパー・リルウェットを結ぶ水上交通の起点となる。ローアー・リ

ルウェットには、海岸部への交易路があり、西はスクアミッシュ、シーシャル（Shishalh）のテリトリーと接し、特にスクアミッシュとの社会・文化的関係は緊密である（Teit 1906: 200、232）。後述するテイト（Teit 1906）によるペムバートン・バンド（現公式名称は Lil'Wat Nation で、互換的に Mount Currier Indian Band と呼称されることもある）とスクアミッシュは、今日もお互い親戚関係にある家族も多く、両者の往来は頻繁である。近年、建設されたスクアミッシュ・リルワット文化センター（Squamish Lil'Wat Cultural Centre）は、博物館を兼ねた施設で両グループに関する展示をしており、友好関係を象徴している（図2-4）。

リルウェットは、アッパー・リルウェットとローアー・リルウェットから構成され、両者では気候が大きく異なる（図2-3）。ローアー・リルウェットは海岸部に近接し、レイン・フォレストの延長線上にあるため、年間の降雨量が多く森林地帯である。一方、アッパー・リルウェットは年間の降雨量が少ない半乾燥地帯で、植生も貧弱である（口絵4）。そのため、夏季の乾燥期には山火事も度々起きる。ただし、アッパー・リルウェットは微環境が流域ごとに大きく異なる。シートン・レイクの東岸を境にして環境は二極化する傾向がみられる。すなわち、それ以西はレイン・フォレストの延長、以東は半乾燥地帯の特徴が顕著となる。また、ブリッジ・リバー上流域では背後に積雪する高い山々を控え、その融雪水で植生が比較的豊かであるのに対し、ファウンテン周辺は半乾燥地帯に適応可能なマツ（Pine）、灌木、背丈の低いサボテンが生えているだけである（口絵4-2、図2-25-3、図2-33）。

こうした地理的な背景をもとに、両者には文化的な相違もみられる。アッパー・リルウェットの冬季の住居は竪穴住居であるのに対し、ローアー・リルウェットの主たる住居は板材を用いたプランク・ハウスである（Teit 1906: 213-214）。フレーザー・リバー流域では、竪穴住居跡の分布は、降雨の多い海岸部では減少していく傾向が看守される（図2-2）。竪穴住居跡の分布のおよその南限はフレーザー・バレーで、プランク・ハウスの分布の北限もまたフレーザー・バレー周辺である。ノースウェスト・コースト的な文化とプラトー的な文化が交差するフレーザー・バレーでは、竪穴住居とプランク・ハウスが先史時代には遺跡内で並存していた可能性がある。近年、調査されたハリソン・リバー（Harrison River）流域、チェヘイリス（Chehalis）のヒケレム（Hiqelem）遺跡では竪穴住居とプランク・ハウスが川沿いに近接して分布し、並存していたと考えられている（Ritchie 2010）。

多量の板材を使用するプランク・ハウスは、植生の貧弱な半乾燥地帯には適していない。竪穴住居は、降雨の少ない半乾燥地帯で発達した冬季の居住様式といえる（Alexander 2000: 32）。伝統的には、竪穴住居は、およそ12月から3月まで使用された

とされる（Teit 1900: 194）。この点はアッパー・リルウェットが内陸プラトー的、ローアー・リルウェットがノースウェスト・コーストに近い文化的特徴を示している（Teit 1906: 212-214）。

住まいとしての竪穴住居は19世紀後半には廃れたが（Teit 1906: 199）、現在では文化的シンボルとして公園や公共の場で復元されたり（口絵2-2・3）、公共施設などに竪穴住居が象られたものがみられる。ノースウェスト・コースト的な文化とプラトー的な文化が交差するストローでは、現在でもプランク・ハウスと竪穴住居が文化的シンボルとしてヘイトゥム（Xa:ytem Longhouse Interpretive Centre: 博物館を兼ねた施設で、Hatzic Rock 遺跡に近接する）において復元されている（図2-5）。

また、上述した気候の相違を背景に食物の加工・保存方法にも相違が看取される。両者の主要な生業がサケ漁であることは共通している。しかしながら、サケの加工・保存方法は、ローアー・リルウェットでは、一般的に燻製が行われるのに対し、アッパー・リルウェットでは、ウィンド・ドライング（wind-drying）が行われる（Teit 1906: 228）。こうしたサケの加工・保存方法については、第3節で後述する。

環太平洋地域で食糧をサケに依拠する先住民の間では、初サケの遡上を迎える儀礼（First salmon ceremony）が一般的にみられ、これはサケの重要性を端的に示すものであろう。しかしながら、ローアー・リルウェットには初サケの遡上を迎える儀礼が伝承されているのに対し（Hill-Tout 1905: 140）、アッパー・リルウェットでは確認されていない（Gunther 1926; Kennedy and Bouchard 1978; Teit 1906: 280）。

既述の通り、ミッドフレーザー地域の社会は、複数のグループが接する地域である。ノースウェスト・コーストに類似する階層化社会のリルウェット、西部シュスワップが所在する。その一方で、集団構造が流動的で階層化が発達していないトンプソンなど社会に変異がみられた。リルウェットはノースウェスト・コーストに類似する階層化社会であるが、その先史時代に関しては二つの見解がある。ヘイデン（Hayden 2000a）、プレンティスら（Prentiss et al. 2007）は、リルウェットでは階層化が発達していたとみるが、それに対しマトソンとマグネ（Matson and Magne 2007: 17）、カールソン（Carlson 1994: 348）は、ノースウェスト・コーストに比べプラトーでは全般的に複雑な社会は未発達であったとする。既述のように、コースト・セイリッシュの場合、ランクが未発達で、ムラを越えた「首長」の権威はなかったといわれ、政治的統合化は緩やかである（Angelbeck 2009; Suttles 1990b: 464-465）。インテリアー・セイリッシュもコースト・セイリッシュと同様にランクは未発達で、階層化の度合は緩やかとみられる。ただし、ヘイデン（Hayden 2000a）やマトソンとマグネ（Matson and Magne 2007: 17）は、ミッドフレーザー地域の先史時代後期は大規模な遺跡、大形住

第 1 節　ミッドフレーザー地域の概要

図 2-5　ヘイトゥム（Xa:ytem Longhouse Interpretive Centre）のプランク・ハウス、
　　　　竪穴住居と Hatzic Rock

約 4500 年前の集落遺跡（Hatzic Rock site）に所在する。Hatzic Rock は、「創造主」に従わない 3 人の首長が岩にされたという伝説が残り、遺跡名は、Hatzic Rock に由来する。[1・2: 2006 年 2 月 5 日筆者撮影、3: 2005 年 10 月 8 日筆者撮影]

居が存在することから、階層化した複雑な社会が形成されていたと指摘する。

　ミッドフレーザー地域は半乾燥地帯という気候条件もあり、地表面から竪穴住居、貯蔵穴、炉穴などが窪みとして観察できる。当地域には、竪穴住居跡が群集する大規模な遺跡が集中しており、考古学的に注目されてきた（Hayden 1997; Morin et al. 2008; Stryd 1973; Stryd and Lawhead 1978）。竪穴住居跡の大きさは径5〜20m、深さも10cm〜2mと様々である。民族誌によれば、これらの竪穴住居は冬季の住居で、主にインテリアー・セイリッシュにより使用された。これに対し、夏の採集、漁撈に伴うキャンプは一時的なものであり、マットあるいは樹皮製の仮の住まいであった（Dawson 1892; Teit 1900: 192-197、1906: 212-215、1909: 492-494）。竪穴住居は約4000年前に出現し、19世紀後半まで用いられていた（Rousseau 2004）。竪穴住居跡を伴う先史遺跡は冬村、一方、竪穴住居跡を伴わず貯蔵穴、炉穴のみ検出された遺跡は春夏の採集・加工に用いられた一時的なキャンプと推測される。

　ミッドフレーザー地域における竪穴住居跡の大きさは様々であるが、大形竪穴住居跡は大規模な遺跡で発見され、小規模な遺跡からは発見されていない。理論的に立場は異なっても、ノースウェスト・コーストと同様に、大規模な遺跡と大形竪穴住居の出現・形成が社会経済的階層化の指標・契機として共通認識されている。そのため、大規模な遺跡、及び大形竪穴住居の形成と衰退を検討することにより、社会的に複雑な狩猟採集民の進化を探究するための発掘調査が実施されてきた（Hayden 1997; Prentiss et al. 2008; Stryd 1973; Stryd and Lawhead 1978）。こうした大規模な遺跡の形成は、フレーザー・リバーの豊富なサケ資源により可能であったことは共通認識になっている（Stryd and Hills 1972; Hayden 1997; Prentiss et al. 2008）。サケの大量捕獲、貯蔵と関連して、生業がいつからサケ資源に特化していったかが、階層化し社会の複雑な狩猟採集民の進化プロセスを探究する上で重要な課題である。

第2節　民族誌に基づくリルウェットの集落、資源利用、及びテリトリー

はじめに

　筆者は2001年〜2003年まで「縄文集落の生態論」という共同研究に参加した。その研究の目的は、遺跡群の動態を自然・社会環境の中で考察することにあった。研究エリアとしては東京都南西部の武蔵野台地を選び、縄文時代中期の集落動態の復元を試みた。その成果を要約すれば、武蔵野台地の主な集落遺跡は河川流域に分布するが、平均的に分布するのではなく、分布する所としない所があり、分布する所では視

第2節　民族誌に基づくリルウェットの集落、資源利用、及びテリトリー

認ネットワークが密で、分布しない所では視認ネットワークが途切れる傾向がみられた。集落遺跡の増加にみられる人口増加期には視認関係に関する遺跡間の距離が短くなり、逆に、遺跡の分散化する時期には遺跡間の距離も大きくなることも確認された（津村ほか 2002a、2002b; 小林ほか 2002）。

　この研究では大きな成果が得られたが、様々な課題も残された。上述したように、武蔵野台地の集落遺跡は平均的に分布するのではなく、分布する所としない所があるのはなぜか。また、一般的に定住的狩猟採集民の社会・政治組織は複数のローカル・グループから構成されるが、遺跡の分布、あるいは集落のネットワークに示唆される集団がどのような社会組織に対応していたのか。これらの事象は狩猟採集民の社会組織と密接な関係があることは明らかである。そこで民族誌に基づく定住的狩猟採集民の集落研究を通して、縄文集落、及びそのネットワークを理解するための枠組を構築することが本節の目的である。

　研究エリアとして 20 世紀初頭に民族誌家により集落、テリトリーが記録され、社会組織も研究されているリルウェットを本研究の対象とすることとした。後述する通り、リルウェットはフレーザー・リバー・バンド（Fraser River Band）、レイク・バンド（Lake Band）、ペムバートン・バンド（Pemberton Band）、リルウェット・リバー・バンド（Lillooet River Band）の 4 ローカル・グループから構成されていた[1]（図 2-3）。各グループの集落は、ばらばらに分布しているのではなく、河川流域を中心に集落が集中する所と集落のない空白地がある（図 2-7a）。また、各グループのテリトリーの境界は集落のない空白地に分布する傾向がみられる。

　特に、アッパー・リルウェットのファウンテン地域は、その伝統的な資源利用も詳細に研究されている（Hayden 1992a）。本節では、民族誌に基づくアッパー・リルエット、ファウンテン地域を中心とする集落、集落間の距離、テリトリー、資源利用に関する空間情報を地理情報システム（GIS）で解析し、定住的狩猟採集民の資源利用と集落の関係、及びそのネットワークを理解するための理論的枠組を構築することとした。また、本研究の成果をもとに、ティーセン多角形を用いた縄文集落のテリトリー論の有効性について検討する。

（1）リルウェットのテリトリー

　リルウェットのテリトリーはテイト（Teit 1906: 図 61）によるものと、ケネディとブシャール（Kennedy and Bouchard 1998a: 図 1）によるものでは異同があり、本書はケネディとブシャールの研究に依拠している。リルウェットのテリトリーは、北はチルコーティン、シュスワップと接している（図 2-3、図 2-7a・b）。西はスクアミッシュ、

シーシャル、東はトンプソン、南はハリソン・レイクの中程でストローのテリトリーと接し、北部が東西に幅広で、南部はリルウェット・リバーに沿って細長い。チルコティン、シュスワップのテリトリーとの境界には山々が控え、その北側にはなだらかで平坦な地形が広がる。

　こうしたテリトリーは、歴史的所産でもあり、変動がみられる（図2-3）。ミッドフレーザー地域の北側は、1900年以前はシュスワップに属していたが、1900年以降はリルウェットとシュスワップが混入し、ファウンテンの人々はリルウェットとシュスワップが混血し、両言語を話すバイリンガルでもある。また、ミッドフレーザー地域の南側はトンプソンに属していたが、1850年以降、リットン（Village of Lytton）の北側に位置する集落はリルウェットに吸収されている（Kennedy and Bouchard 1998a、Teit 1906: 200）。このように、シュスワップとトンプソンの一部の集団がリルウェットに吸収された要因としては、後述するように、主要食糧資源であるサケの漁場がリルウェットに密集し、交易の中心地として機能していたことも密接に関わっていたのであろう。ただし、今日もテリトリーの境界に関する認識はグループ間で齟齬があり、懸案となっている。また、リルウェットと隣接するグループの関係をみると、人身、食糧の略奪、殺戮など、争いもしばしば起きている（Teit 1906: 236-247）。この点については、第4節で後述する。

（2）リルウェットの社会・政治組織

　第1章第2節で既述の通り、リルウェットの社会はクランから構成され、各クランには世襲の「首長」がおり、その家系が貴種（aristocracy）を形成する階層化社会である。クランはコースト・セイリッシュから導入されたとみられ、リルウェットの社会組織は内陸プラトーの中でもノースウェスト・コーストに類似している。ペムバートン・バンドは複数のクランから構成されるが、ウルフ・クランが頭としての役割をになっている。一般的にクランの世襲首長は男系で継承される。世襲首長はカウンシルで発言力があると同時に、ベリーの採集地を管轄するなど、政治経済的な有力者である。サケの漁場、捕獲場所（岩場、定置漁具など）は継承されるので、その所有権を確保するか、しないかにより個人・集団間で貧富の差が生じ、階層化の大きな要因となっている。リルウェットではノースウェスト・コーストと同様に、ポトラッチが催されるが、その開催には経済力が必要で、クランあるいは有力者の富を誇示する場でもある（Teit 1906: 252-258）。このように、経済的、政治的により力のあるクラン、ないし集団が社会の中で主導権を握っている。

(3) リルウェット、20世紀初頭の人口

既述の通り、19世紀のリルウェットは、下記の4つのローカル・グループから構成されていた。該期におけるリルウェットの人口は、19世紀以降の入植者との接触、及び炭素菌による疾病で大幅に減少した。テイト（Teit 1906: 199）によると、20世紀初頭の各バンドの人口、及びリルウェットの全人口は下記の通りである。なお、「バンド」という用語は、一般的に人類学では、居住地を頻繁に変更する遊動的狩猟採集民の社会（組織）という意味で用いられ、リルウェットのような定住的狩猟採集民に用いるのは適当とはいえない。ただし、下記の名称で用いられる「バンド」はローカル・グループに用いられた固有名詞なので、本書ではそのまま使用している。

フレーザー・リバー・バンド 500人　　アッパー・リルウェット 700人
レイク・バンド 200人

ペムバートン・バンド 400人　　ローアー・リルウェット 900人
リルウェット・リバー・バンド 400人以上

リルウェット全人口 1600人

人口は入植者との接触以前は約4000人、接触以降では約1600人で（1903年の公的記録では、1161人とされる（Boas in Teit 1906: 294）。）、半分以下に減少していることになる。

(4) GISのデータ

ファウンテン地域を中心とした集落と資源利用、及び集落の位置と集落間の距離を検討するためには、それらに関する空間情報が必要であり、本項ではGISのデータについて説明する。ブリティッシュ・コロンビア政府は、25m間隔のデジタル・エレベーション・モデル（Digital elevation models。以下、DEMsと省略。）や水文（川、沢、湖沼）などに関するベクター・データをTRIM（Terrain Resource Information Mapping）として公開しており（Ministry of Environment Lands and Parks Geographic Data BC 1997）、本書は、これらのデータを加工し、基盤地図として使用している。

リルウェットのテリトリーとローカル・グループの境界は、ケネディとブシャールの地図（Kennedy and Bouchard 1998a: 図1）をスキャンし、ArcGISのジオリファレンス（Georeference）機能を用いて基盤地図と位置合わせをしている（図2-3、図2-7a・b）。集落（冬村）はケネディとブシャール（Kennedy and Bouchard 1978: 図6）に依拠し、

その位置情報はケネディとブシャール（Kennedy and Bouchard 1998a: 図1）の集落に関する原図（19世紀における先住民の集落位置を50000分の1地形図に記録したもの）を両氏のご厚意により参照し、手動でベクター・ポイントを作成している（図2-6）。これらの集落は聞き取り調査に基づいているため、同時期に並存していたとは限らない（Kennedy and Bouchard 1978: 55）。集落間の距離は、テイト（Teit 1906）により記録された集落をもとに測定している。この点については、後述する。

漁場、採集地点に関する位置情報は、ブライアン・ヘイデン先生蔵のデジタル・データを使用させていただいた。このデータは、漁場に関してはケネディとブシャール（Kennedy and Bouchard 1992）、採集地点に関してはターナー（Turner 1992）の研究に基づいている。採集地点に関するターナーのデータは、フレーザー・リバー東岸のものが主体である。なお、本書のGISに関連する図の作成には、ArcGISの様々なバージョン9.1〜10.2を用いている。

（5）ミッドフレーザー地域における集落と資源利用

図2-6は、ミッドフレーザー地域における上記のデータを重ね合わせたものである。当地域ではサケが主要な食糧であるが、シカ、根茎類、ベリーも重要な食糧である。サケ漁は主にその遡上期の夏季（8・9月）に行われ、漁場（fishing site）には、その捕獲と加工のために干し小屋が設けられる。ミッドフレーザー地域の漁場は約50個所が記録され、ファウンテン周辺に集中する傾向が看取される（Kennedy and Bouchard 1992）。サケが豊富なことと、その剰余のため、夏季になるとファウンテン周辺にはアッパー・リルウェットだけでなく、ローアー・リルウェット、シュスワップ、トンプソンも集まり、交易の場が形成された。そのため、アッパー・リルウェットと他グループの婚姻が頻繁に起きることで、ハイブリッド集団が生まれる要因となった（Teit 1906: 200、231-232）。

採集は雪の解ける春から夏にかけて行われる（Alexander 1992b: 101）。採集の対象となる根茎類にはスプリング・ビューティー（*Claytonia lanceolata*）、バルサムルート（*Balsamorhiza sagittata*）、オニオン（*Allium cernuum*）、葉茎類にはカウ・パースニップ（Cow Parsnip）など、果実にはサスカトゥーン・ベリー、チョケ・チェリーなどがある（Turner 1992）。サスカトゥーン・ベリーを除く多くの採集地点は、集落から離れた山間部に位置し、採集は主に女性の仕事である（Turner 1992: 433）。採集地点はテリトリー境界の近くに位置する例が多く、そのため、恐らくリルウェットだけでなく他のグループと共有している。ベリーの採集地は世襲首長により管轄され、合図と共に採集が始まる（Teit 1906: 256）。サケ漁場における捕獲場所などの所有権が発

第2節　民族誌に基づくリルウェットの集落、資源利用、及びテリトリー

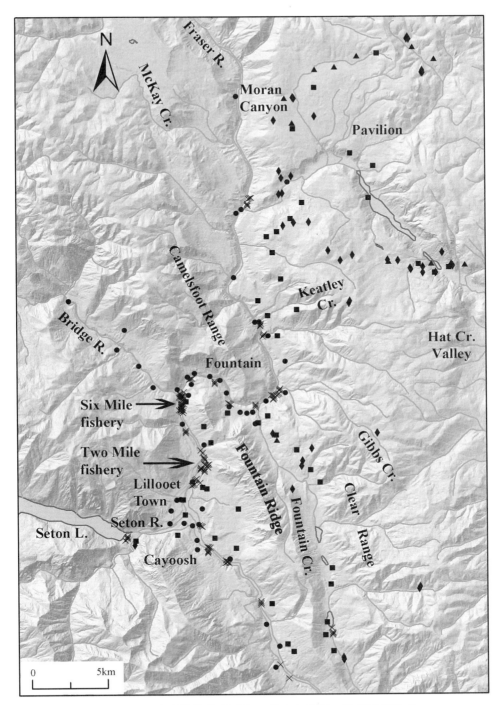

図 2-6　歴史時代集落（冬村）の分布と漁場、及び採集地点

データは、ケネディとブシャール（Kennedy and Bouchard 1978、1992）、ターナー（Turner 1992）に基づく。採集地点のデータは、フレーザー・リバー東岸のものが主体である。
●：冬村、×：漁場、◆：根茎類（ノディング・オニオン、バルサムルート、スプリング・ビューティー）、■：果実（サスカトゥーン・ベリー、チョケ・チェリー）、▲：カウ・パースニップ

達しているのに対し、ベリーの採集地は公共性が高く、資源により所有権の発達の程度が異なる点は注目される（Teit 1906: 255-256）。これは資源の重要度と所有権の相関性が高く、重要資源に対しては集団間の競争もその分高くなることを示している。

狩猟は夏の終わりから秋にかけて行われる（Alexander 1992b: 101）。狩猟対象獣はシカ、山ヤギ、オオツノヒツジなどで、シカなどの皮はなめした後に衣装、モカシンの素材として加工される。狩場は、山間部に広がり広大である。フレーザー・リバー・バンドの狩場は、北はビッグ・クリーク、南はケユーシュ・クリーク、東はシュスワップとの境界に近いハット・クリークまである。レイク・バンドの場合、西はブリッジ・リバーの水源、南はダッフィー・レイクまである（Teit 1906: 197、256）。アッパー・リルウェットではトレイル・ネットワークが縦横に発達しており、これはシカなどの狩猟対象獣の季節的移動ルート、狩猟地点・キャンプと密接な関係にあることは想像に難くない。主要な陸上交通路は集落の分布する河川沿いにあるが、それとは異なるトレイル・ネットワークがある点は注意される（Randy James 私信 2004）。

漁場はフレーザー・リバー沿い、根茎類、ベリーの採取地点は山間部に位置し、食糧資源の分布は時間的、空間的に多様である。伝統的には漁撈・狩猟は男性、採集、魚・肉の解体は女性の仕事で、性的分業が行われていた（Turner 1992: 433）。冬季は食糧資源が欠乏する時期で、そのため、サケ、根茎類などが越冬食糧として保存される（Teit 1906: 223）。集落と漁場、採集地点、狩場の関係をみると、食糧をサケに依存しているため、漁場へのアクセスに重点を置き、採集地点、狩場は背後の山間部などに控えた集落の配置といえる。冬村をベースとして漁撈、狩猟、採集活動により食糧資源をロジスティックに獲得し、冬は貯蔵食糧に依拠するという生活形態（コレクター・システム）を発達させている。

（6）リルウェット、集落間の距離

民族誌家テイトとヒル-タウトは、20世紀初頭のほぼ同時期にリルウェットの集落名、その規模とおよその位置を記録している。ローアー・リルウェットについては、両氏によりほぼ同様な記録が残されているが、アッパー・リルウェットについては異同がみられた。テイト（Teit 1906）の記録では、フレーザー・リバー・バンドの集落、図 2-7a・7b の No. 13、17、25、36、38、42 が記載されているが（No. は、ケネディとブシャール（Kennedy and Bouchard 1998a: 図1）に準拠する）[2]、ヒル-タウト（Hill-Tout 1905）の記録では集落 No. 25 が記載されているだけである。テイトによる記録の精度が高いとみられ（Boas in Teit 1906: 292）、その記録に依拠し、集落間の距離（直線距離）を測定することとした（表2-1）。

第2節　民族誌に基づくリルウェットの集落、資源利用、及びテリトリー

表 2-1　テイト（Teit 1906）によるリルウェットの集落

No.	集落名	規模	集落間距離（直線距離）
Fraser River Band			
42	*Skulewa's*	大（軒数不明）	No.42 − No.38　1.5km、No.55 − No.42　4km
38	*Sel*	大（軒数不明）	No.36 − No.38　4km
17	*Sqakel*	不明	No.17 − No.13　2km
25	*Nxo'isten*	大（軒数不明）	No.25 − No.36　4.5km
36	*Tse'ut*	不明	
13	*Xa'xalep*	大（軒数不明）	
Lake Band			
61	*Nkua'tkwa*	大（軒数不明）	
60	*Nka'iot*	大（軒数不明）	No.59 − No.60　2km
59	*Sla-u's*	不明	
57	*Tcale'l*	大（軒数不明）	
56	*Xese'lten*	小（2・3軒）	
55	*Skemqa'in*	小（2・3軒）	
Pemberton Band			
69	*Nkimpc*	不明	No.65 − No.69　4.5km
69	*Xazi'lkwa*	小（2・3軒）	
65	*La'qemitc*	小（2・3軒）	No.65 − No.68　2.5km
68	*Sla'lek*	大（25軒）	No.68 − No.69　2km
62	*Sulpa'ultin*	不明	
Lillooet River Band			
94	*Xa'xtsa*	大（軒数不明）	No.92 − No.94　5.5km
92	*Lala'xxen*	小（1・2軒）	No.91 − No.92　2km
91	*Sme'mits*	小（1・2軒）	No.90 − No.91　9km
90	*Sxo'meliks*	小（1・2軒）	No.88 − No.90　11km
88	*Ska'tin*	大（軒数不明）	No.87 − No.88　7km
87	*Sextci'n*	不明	No.86 − No.87　4km
86	*Sama'qum*	大（軒数不明）	No.85 − No.86　5.5km
85?	*Kwe'xalaten*	大（軒数不明）	

No. はケネディとブシャール（Kennedy and Bouchard 1998a: 図1）に準拠している。集落名の表記は、タイト（Teit 1906）によるものと異なる場合がある。No.69 の *Xazi'lkwa* は、*Nkimpc* から約1.6km離れている。*Kwe'xalaten* は、ケネディとブシャール（Kennedy and Bouchard 1998a: 図1-No.85）の *qelatkuem/qelaxen* に相当するか？

問題になるのは、テイトの民族誌には集落に関する正確な位置情報がないことである。ブリティッシュ・コロンビア政府考古部門作成の遺跡データベース[3]には歴史時代の遺跡に関する情報があるが、それらは鉄道、鉱山に関するものであり、先住民の集落に関する記録は残されていない。そのため、テイト（Teit 1906）が記録した先住民の集落位置は、既述のケネディとブシャールが50000分の1地形図に記録した位置情報を参照して、集落間の距離を測定することとした。テイト（Teit 1906）が記録した集落は、伝統的な冬村に由来しているとみられ、現在のリルウェットの先住民居留

地と位置的にほぼ重なっている[4]。

ただし、テイトが民族誌を記録した 19 世紀末から 20 世紀初頭には、フレーザー・キャニオン・ゴールド・ラッシュ（1858 年）で入植者が大挙押し寄せ（Harris 1992: 6）、入植者との交易、馬車の導入などによる交通形態の変化、先住民人口の減少のためにリルウェットにおける集落の位置が変容していた可能性もある。実際、アッパー・リルウェットの冬の伝統的な住居は竪穴住居であったが、19 世紀後半には既に消滅している（Teit 1906: 199）。

フレーザー・リバー・バンドの集落は、ファウンテン周辺にサケの遡上が豊富なため比較的狭い範囲に集中している（Kennedy and Bouchard 1992）。そのため、集落間の距離は 1.5km から 4.5km で、距離が短くなる傾向がみられ（表 2-1）、人口の集中と集落間距離に高い相関性があることを示唆している。これらの集落と漁撈キャンプは近接している（図 2-6）。レイク・バンドとペムバートン・バンドに属するアンダーソン・レイクからリルウェット・レイクにかけて集落はまばらであるが、湖と河川の合流点に集落が分布する傾向がみられる。リルウェット・リバーの下流沿いでは、リルウェット・リバー・バンドの集落が 2km から 11km の間隔で並んでいる（図 2-7a）。

（7）リルウェット、ローカル・グループの境界

リルウェット・リバー・バンドのテリトリーは、ハリソン・レイク上部からリルウェット・リバー沿い、ペムバートン・バンドのテリトリーは、リルウェット・レイクからリルウェット・リバーの川筋である。フレーザー・リバー・バンドのテリトリーは、フレーザー・リバー流域、レイク・バンドのテリトリーは、アンダーソン・レイクとシートン・レイク沿い、及びブリッジ・リバー上流に広がる。

ペムバートン・バンドとレイク・バンドの境界は、アンダーソン・レイクとリルウェット・レイクの中間、ペムバートン・バンドとリルウェット・リバー・バンドの境界は、リルウェット・レイク南側で、両境界は、ともに集落のない空白地となっている。河川流域を中心に集落が分布する所としない所があり、各グループの境界は集落のない空白地に分布する傾向がみられる。

フレーザー・リバー・バンドとレイク・バンドの境界は、およそシートン・レイクからブリッジ・リバー沿いにあり、レイク・バンドの集落 No. 55 とフレーザー・リバー・バンドの集落 No. 42 のように、所属するローカル・グループが異なるにもかかわらず距離が約 4km と近接している例もある[5]。このような事例は、考古学的にはローカル・グループの境界の識別が集落間距離では難しいことを示唆している。

第 2 節　民族誌に基づくリルウェットの集落、資源利用、及びテリトリー

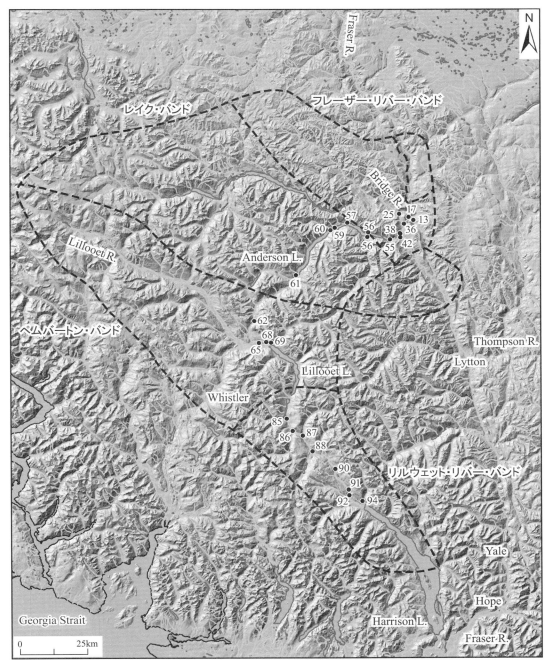

図 2-7a　リルウェットのテリトリー（破線）とテイト（Teit 1906）により記録された
　　　　 歴史時代集落の位置

テリトリー、及集落 No.（表 2-1 参照）は、ケネディとブシャール（Kennedy and Bouchard 1998a: 図 1）に基づく。

第2章　定住的狩猟採集民の資源利用と集落研究

(8) テリトリーとティーセン多角形

　ティーセン多角形はボロノイ領域とも呼称され、対象とする点の中点で垂直二等分線を描き、その交点を求めることで対象とする点の間に領域（多角形）を創出する。ティーセン多角形は商業・経済圏の最適配置に関する分析などに多く用いられ（岡部・鈴木 1992）、日本のGISの教科書では、「勢力圏」や「商圏」などを求める方法として紹介されている（高阪・関根 2005: 63）。

　考古学では、ティーセン多角形は古代ギリシヤ、英国新石器時代のセトルメント・パターン、社会的境界、テリトリーを分析する手法として用いられ（Renfrew 1975、1976）、縄文集落の「領域」として扱われることもある（菊地・松岡 2001; 谷口 1993、

図 2-7b　アッパー・リルウェットにおけるテリトリー（破線）とテイト（Teit 1906）により記録された歴史時代集落の位置に基づくティーセン多角形

第 2 節　民族誌に基づくリルウェットの集落、資源利用、及びテリトリー

2003)。本項では、リルウェットの集落に基づくティーセン多角形と実際のテリトリーを比較することにより、ティーセン多角形の考古学的有効性について検討する。

　上述したテイト（Teit 1906）の記録した歴史時代集落に基づきティーセン多角形を作成した結果、多角形は集落が集中している所では小さくなるとともに、そのほとんどはリルウェットのテリトリー、及びローカル・グループの境界と重ならず、むしろ多くの多角形ができすぎている（図 2-7b）。ティーセン多角形はポイント・データとしての集落に基づいているので、集落が集中している所で小さな多角形ができるのは当然の結果である。リルウェットのテリトリー、特に、レイク・バンドとペムバートン・バンドのテリトリーが西側に広く、ティーセン多角形と大きくずれている点は重要であろう。これはシカなどの季節的移動ルートがあり、両グループの狩場が広大であることと密接に関わり、テリトリーは集落の位置のみでなく、狩猟などの資源利用と密接な関係があることを示唆している（Kennedy and Bouchard 1998a）。

(9) 結　語

　本節では、ミッドフレーザー地域における集落、資源利用、及びテリトリーについて検討した。リルウェットの集落の配置は漁場に重点を置き、採集地点、狩場は背後の山間部などに位置している。サケの捕獲場所などに関する所有権が発達しているのに対し、ベリーの採集地は公共性が高く、資源の重要度と所有権の相関性が高い。ファウンテン周辺では漁場の密度が高く、集落も集中し、集落間の距離が短くなる傾向がみられた。また、ローカル・グループの境界は、集落のない空白地に分布する傾向がある。集落が平均的に分布するのではなく、分布する所としない所があるのは資源の密度と共にローカル・グループのネットワークが密接に関係し、集落間の距離自体が社会的疎密を示唆している。この点は今後、考古学データによる社会的境界、及びテリトリーを検討していく上で大きな手がかりになるであろう。

　これらの研究成果をもとに、テリトリーとしてのティーセン多角形の有効性について検討した。その結果、テリトリーは集落の位置だけでなく、狩猟、採集に関する資源利用が関係していることが示唆された。特に注意されるのは、リルウェットは主要食糧資源をサケに依存しながら、狩猟・採集活動も生業の重要な位置を占め、テリトリーの範囲が主要な生業活動だけに規制されるわけでないことである。

　縄文集落の「領域」では、集落の位置に基づきティーセン多角形がテリトリーとして扱われる。ティーセン多角形はポイント・データとしての集落に基づいているので、集落が集中している所で小さな多角形が多くできる。しかしながら、本研究では、そうした多角形が必ずしもテリトリーに対応するわけではないことが示唆された。定住

的狩猟採集民の社会組織は、複数のローカル・グループから構成され、こうしたローカル・グループは大小の集落から成り立っていることが一般的で、縄文社会も同様であったと推測される。そのため、距離的に近接した集落群はアフィリエイションのあるグループ、あるいは同一のローカル・グループに属する可能性が高く、ティーセン多角形をテリトリーとした場合、齟齬が生じるであろう。

ティーセン多角形を用いた商業・経済圏の最適配置論では、各ポイント・データが独立しているという前提がある。しかしながら、定住的狩猟採集民の集落は、グループにとりネットワークの一部であるから、こうした前提は成り立ち難い。商業・経済圏の最適配置に関するGIS分析は、「勢力圏」や「商圏」などを求める方法として紹介されているので、こうした概念が考古学者により「領域」として人口に膾炙された点に問題があろう。

第3節　サケ漁と加工・保存に関するポリティカル・エコノミー

(1) 人類史における貯蔵の意義

人類史における貯蔵の意義が注目されるようになった契機は、特に1980年代以降、欧米の狩猟採集民研究が遊動的な狩猟採集民研究から、定住的な狩猟採集民の成立に論点が移ったためである。北米の人類学的考古学では、社会経済的に不平等な特徴をもつ狩猟採集民を complex hunter-gatherers と呼称していることについては既述した。これらの研究は、貯蔵と定住という概念を中心に研究が進められてきた（Binford 1990; Kelly 1992; Rafferty 1985; Shalk 1977、1981; Testar 1982）。

北半球では、人類が主要食糧として依存できる資源の収穫は時間、空間的に限られる。極圏のように食糧を動物（陸獣・海獣）に依存しているグループはともかく、人類が食糧として依存できる、特に植物果実、根茎類などの収穫は1年の内の春～秋に限定されるものが多い。その上、食糧資源の収穫は年により変動がある。こうした生業のリスクや不確実性と冬季の食糧獲得が比較的困難なため、季節的に偏る食糧資源を保存して、特にその収穫が困難な冬を乗り越える必要がある（渡辺1990: 140-141）。こうしたことから北半球の狩猟採集民では、食糧の時期をずらして消費する方法、すなわち加工、保存、貯蔵が発達している。テスタール（Testar 1982）は、食糧資源が豊富なことと、その季節性（生態的条件）、食糧資源の収穫・保存技術（技術的条件）を備えた経済を貯蔵に基づく狩猟採集経済と呼び、その特徴を定住、高い人口密度、社会経済的不平等にあるとした。

特に、ノースウェスト・コーストの先住民は、貯蔵に基づく狩猟採集経済の代表格

第3節 サケ漁と加工・保存に関するポリティカル・エコノミー

として注目されてきた（Testar 1982）。第1章第1節で既述の通り、これらの先住民は、北はアラスカ、南はオレゴン州まで分布し、海岸、河川という生態を背景に生業面では漁撈に依存するという共通した特徴を持ちながら、サケ漁と加工・保存技術に関しては多様である。本節ではミッドフレーザー地域のサケ漁と加工・保存技術、貯蔵、及びそのポリティカル・エコノミーについて検討する。

本書におけるポリティカル・エコノミー（political economy）とは、家計レベルの生存に不可欠な生業活動（subsistence economy）に対し、地域社会における個人、あるいは集団間の社会政治的関係の維持や競争のために行われる広範な政治経済的活動を意味する（Johnson and Earle 2000）。

（2）フレーザー・リバー流域のサケ漁

フレーザー・リバーは、アメリカ、オレゴン州コロンビア・リバー（現在はダム建設によりサケの遡上はほぼ壊滅した）と並ぶ北米最大のサケを量産する川である。サケの遡上がピークとなる夏から秋にかけて、何百万という群れが上流の産卵地を目指して遡上する。フレーザー・リバー流域には数知れないサケの遡上地があり、下流から上流に沿ってコースト・セイリッシュ、インテリア・セイリッシュの様々なグループが割拠する理由はここにある。フレーザー・バレーのグループ、ストロー（Sto:lo）とは先住民語で"川の人々"を意味し、フレーザー・リバーがこのグループの母体であることを端的に示している。ブリティッシュ・コロンビアの先住民が伝統的にサケ漁の対象としたサケ類は、主に以下の5種である（図2-8）。

Sockeye（*Oncorhynchus nerka*）　ベニザケ
Spring（*O. tshawytscha*）　マスノスケ（キング・サーモン）
Coho（*O. kisutch*）　ギンザケ
Pink（*O. gorbuscha*）　カラフトマス
Chum（*O. keta*）　シロザケ

マスノスケは、チヌーク（Chinook）、あるいは体長が大形で、重量があることからキング・サーモンと呼称されることもある。種によりその生態は異なるが、産卵されたサケは遡上地で幼少期を過ごし、数年間、海洋で過ごした後、河川に遡上する。遡上の時期と産卵地は河川、種によって異なる。また、遡上は年により変動がある（Kennedy and Bouchard 1992: 図4）。特に、フレーザー・リバーに遡上するベニザケは4年おきに生り年があり（Kew 1992）、近年では2006年、2010年、2014年が生り

第 2 章　定住的狩猟採集民の資源利用と集落研究

ベニザケ
Sockeye salmon
(*Oncorhynchus nerka*)

マスノスケ（キング・サーモン）
Spring/Chinook salmon
(*O. tshawytscha*)

ギンザケ
Coho salmon
(*O. kisutch*)

カラフトマス
Pink salmon
(*O. gorbuscha*)

シロザケ
Chum salmon
(*O. keta*)

図 2-8　ブリティッシュ・コロンビアに遡上する主なサケ類（遡上期オス）
［1 〜 5: Fisheries and Oceans Canada（n.d.a、b、c、d、e）掲載のオリジナル画像を同機関のご厚意により掲載 © Her Majesty the Queen in Right of Canada, 2017］

第3節　サケ漁と加工・保存に関するポリティカル・エコノミー

年である。一般的に、ブリティッシュ・コロンビアの先住民は味覚の上でベニザケ、マスノスケ、ギンザケの3種類を好み、カラフトマスとシロザケは好まれずその位置づけが低い（Hewes 1998: 620; Kennedy and Bouchard 1992: 275; Morin 2004）。そのため、シロザケはドッグ・サーモン（Dog salmon）と呼称されることもある。種により、魚肉の特徴も異なる。マスノスケは体長が大形なため、実入りが良い。一方、カラフトマスはやや小形のため実入りが少ない。マスノスケ、ベニザケは脂がのり、カラフトマスとシロザケは脂身が少ないことで知られている。そのため、ベニザケ、マスノスケは美味で嗜好される。その一方で、脂身の多いマスノスケ、ベニザケは干すのに手間がかかるのに対し、脂身が少ないカラフトマスとシロザケは干すのが容易とされる（Romanoff 1992: 236-237、259-261）。こうした特徴は、加工・保存方法、処理するための時間や労働力と直結する。このように、種により遡上時期、交易品としての社会経済性、及び先住民の嗜好性も異なるので、考古学的には種の同定が重要な位置を占めることとなる。

　フレーザー・リバー流域の先住民によるサケ漁は、現在、刺網漁（gill netting）が広く行われているが（図2-12-4・6、図2-15-2）、この漁法が在来のものであるのか、あるいは歴史時代に新たに導入されたものなのか諸説がある（Kennedy and Bouchard 1992: 285; Suttles 1974: 138）。河川の流れが緩やかな所では、木製定置漁具（wooden fish weir and trap）が設置されることが多い（図2-10-1、Barnett 1955: 79; Duff 1952: 67; Suttles 1955: 23）。キャピラノ・リバー（Capilano River）のように、川が礫床の場合は、石の堰（stone fish trap）が設置される場合もある（図2-9）。こうした石の堰は、潮の干満を利用して魚類を捕獲するために海岸に設置されることもある（図2-10-3）。魚突き（spearing）、引掛けは、キャピラノ・リバー、トンプソン・リバー（Thompson River）、ラフト・リバー（Raft River）など、清流透明な川の浅瀬で行われる傾向が看取される（図2-10-2、図2-11、Secwepemc Cultural Education Society 1994; Teit 1906: 227）。これらの漁法は、キャピラノ・リバーのように、併用される場合もある（図2-9）。

　ノースウェストには、サケが遡上する河川が無数にある。サケ漁に用いられる漁具、施設は多様で、それぞれの地域の河川環境（水量、水質、深さ、流れ、植生、地質）に適した漁法がみられる。サケ漁の多様性は、各地域における河川環境、そしてサケの生態に合わせて発展してきたものであろう（Kew 1992; Stewart 1977）。

(3) ミッドフレーザー地域のサケ漁と加工・保存技術

　フレーザー・リバーはリットンでトンプソン・リバーに分かれ、その支流のアダム

第 2 章　定住的狩猟採集民の資源利用と集落研究

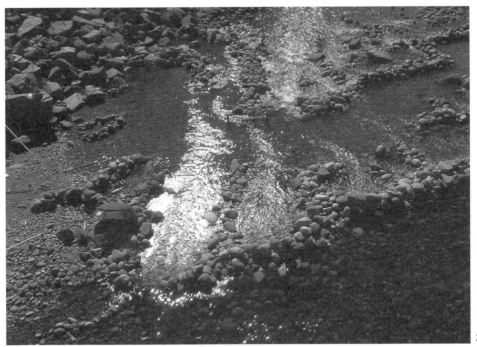

図 2-9　キャピラノ・リバー河口に設けられた石の堰
1: 河口全景。キャピラノ・リバーは、ギンザケの遡上で著名である。川の両側に石の堰が設置されている。手前の大きな岩には、引掛けが立てかけられ、右端には石囲いのプールがみえる。左遠方には、先住民居留地の建物がみえる。2: 石の堰近景。傘で日除けした石囲いプールには、サケが溜め置かれている。そのすぐ近くには、すくい網の柄がみえる。雨季前の 9 月なので水位が低いが、雨季には水位が増し石の堰は見えなくなる。[1・2: 2014 年 9 月 20 日筆者撮影]

第3節　サケ漁と加工・保存に関するポリティカル・エコノミー

図 2-10　ノースウェストにおける漁撈の多様性

1: ニコラ・リバー（Nicola River）の定置漁具（George Dawson 1889 年撮影）。2: サウス・トンプソン・リバーで魚突きをするシュスワップの人々（Ron Ignace、Terry Deneault、Robert Swite）。3: 海辺に設置された石の堰。スタンレイ・パーク（Stanley Park）。4: バルクリー・リバーのすくい網漁。口絵 3-4 の漁場を下流側から撮影したもの。［1: Natural Resources Canada 提供の写真（Number 1063）を掲載、2: Marianne Ignace 氏撮影の写真を同氏のご厚意により Ignace（1998: 図 2）から掲載、3: 2008 年 10 月筆者撮影、4: 2005 年 9 月 4 ～ 5 日筆者撮影］

第 2 章　定住的狩猟採集民の資源利用と集落研究

図 2-11　プラトー（トンプソン・リバー流域）におけるサケの産卵地
濁流のフレーザー・リバーと対照的にトンプソン・リバー流域は、比較的清流である。1: アダムズ・リバー（ベニザケ）。2: サウス・トンプソン・リバー（赤いのがベニザケ、黒いのはマスノスケ？）。3: ラフト・リバー（ベニザケ）。[1・2: 2006 年 10 月 8 日筆者撮影、3: 2005 年 9 月 8 日筆者撮影]

第3節 サケ漁と加工・保存に関するポリティカル・エコノミー

図2-12 オールド・ブリッジ（ツー・マイル）・フィッシャリー
1: フレーザー・リバーの下流側遠景。2: フレーザー・リバー西岸のフィッシャリー。2006年は、ベニザケ漁の解禁日が7月27日まで延長されたため、まだ小屋にシートがかけられていない。3: フレーザー・リバー西岸のキャンプ。漁期に至らず、小屋の骨組がみられるだけである。4: 西岸の刺網。5: 西岸、刺網の隣でサケ漁をする男性。魚叩き棒が傍にある。6: 東岸の岩場で刺網漁をする女性と岩囲いのサケ用プールの隣でサケを処理する男性。［1・2: 2006年7月20日筆者撮影、3: 2005年7月31日筆者撮影、4～6: 2005年9月2日筆者撮影］

ス・リバー（Adams River）はベニザケの産卵地として著名である（図 2-11-1）。トンプソン・リバー流域はトンプソン、シュスワップのテリトリーで、ミッドフレーザー流域のグループと同様に食糧としてのサケへの依存度がプラトー地域の中でも高い。

　フレーザー・リバーはリルウェット・タウン近くでは流れが緩やかであるが、オールド・ブリッジ（Old bridge）あたりから川幅が狭くなると同時に岩場が増え、流れは早くなる（図 2-12）。特に、岸から川中に突き出た岩場は、サケを捕獲するための絶好の場所となり、こうした岩場が多数あるツー・マイル・フィッシャリー（Two Mile Fishery、オールド・ブリッジ・フィッシャリーとも呼称される）とシックス・マイル・フィッシャリー（Six Mile Fishery）では、ミッドフレーザー流域の中でも大規模な漁場が形成されることとなる。

　フレーザー・リバーはファウンテン周辺で急峻なキャニオンを形成し、平坦な土地はフレーザー・リバーに沿った河岸段丘面のみに限られる（口絵 4-2）。既述の通り、ミッドフレーザー地域には約 50 個所の先住民漁場が記録されている（図 2-6）。これらの漁場は、小屋の数から示唆されるように大きなものから小さなものまであり、環太平洋のサケが遡上する地域におけるフィッシング・サイトの遺跡形成過程を検討するうえで重要な視点を提供する（口絵 5・6、図 2-12 〜 15）。この中でも、ツー・マイル・フィッシャリー、シックス・マイル・フィッシャリーは現在でもサケ漁が最も盛んな所である（口絵 5・6、図 2-12・14・15）。

　フレーザー・リバーとブリッジ・リバーの合流点に位置するシックス・マイル・フィッシャリーは、コロンビア川中流域のオレゴン州ザ・ダレス（The Dalles）の漁場がダム建設により壊滅的な影響を受けた今日、北米最大の先住民サケ漁場である。ミッドフレーザー地域におけるサケの遡上は春から始まるが、そのピークは 8 月から 9 月で（Kew 1992）、さらに上流に遡上していくサケを捕獲する。夏季の遡上時期には、アッパー・リルウェットだけでなく、ローアー・リルウェット、シュスワップ、トンプソンも集まり、ファウンテン地域に交易の場が形成された。探検家サイモン・フレーザー（Simon Fraser）[6]が 1808 年にリルウェット・タウンを訪れた際には、夏場のサケ漁のために約 1000 人が集まっていたとされ、その盛況さがうかがえる（Lamb 1960: 120）。

　現在でもシックス・マイル・フィッシャリーは、非漁期には小屋の骨組が残るだけであるが、夏場にはシートが掛けられ、にわかに活気づく（口絵 5・6）。夏のサケ漁のための小屋がフレーザー・リバー東岸、西岸を含めると 100 個所以上あるとみられる。サケ漁の時期には、ここでテントに寝泊まりしたり、あるいはキャンピングカーで過ごす人もみられる。ある人は、ここで寝泊まりし約一月、サケ漁とその加工を行うという。かつては小屋に干した加工途中のサケを陸獣、特にクマから守るため、あ

第3節　サケ漁と加工・保存に関するポリティカル・エコノミー

るいは盗難を防ぐため夜も見張りをしていたそうだ。

　シックス・マイル・フィッシャリーにおけるフレーザー・リバー西岸の漁場は、ブリッジ・リバー・インディアン・バンドの人々、東岸はファウンテン・インディアン・バンドの人々によって利用されている。サケ漁・加工のための岩場、小屋には所有権があり、継承される（Kennedy and Bouchard 1992; Kew 1992; Romanoff 1992）。これらには個人所有（individually owned sites）、居住集団（residence-group fishing sites）所有、あるいは公共（public sites）のものがある（Kennedy and Bouchard 1992: 305-316; Romanoff 1992: 242-246）。個人所有のものは一般的に男系で、父から子息に継承され、しばしば岩場には名前が付けられている（Romanoff 1992; Teit 1906: 255）。居住集団所有のものは特定の集落と結び付き、ほとんどの場合、近接した集落で利用されている。ただし、複数の集落で利用された場所もあるようだ（Kennedy and Bouchard 1992）。公共のものは、外部のグループでも親戚関係、あるいは互酬性がある場合、フィッシング・キャンプにアクセスできたようである（Tyhurst 1992: 400）。例えば、ファウンテンの人々はボナパルト・シュスワップ（Bonaparte Shuswap）のテリトリーにマス（trout）を春先に捕りに行くかわりに、ボナパルト・シュスワップはシックス・マイ

図2-13　フレーザー・リバー東岸、ファウンテンのフィッシャリー
シックス・マイル・フィッシャリーに比べ、小規模な漁場である。4月に訪れているので、無人で小屋の骨組がみられるだけである。［2004年4月20日筆者撮影］

第2章　定住的狩猟採集民の資源利用と集落研究

図2-14　シックス・マイル・フィッシャリー
1: フレーザー・リバー東・西岸のキャンプ。東岸はファウンテン・バンドの人々が主に漁をする。斜面に干し小屋が多数見える。フレーザー・リバーとブリッジ・リバー合流点のキャンプには、魚が描かれたピクトグリフ（岩絵）が所在する（→部分）。現代のものであるが、漁場に位置しているので意味深い。2: 西岸はブリッジ・リバー・バンドの人々が主に漁をする。1・2ともに非漁期に訪れているので、無人である。[1: 2005年7月5日筆者撮影、2: 2004年4月21日筆者撮影]

第3節　サケ漁と加工・保存に関するポリティカル・エコノミー

図2-15　シックス・マイル・フィッシャリーにおけるサケ漁
1: 東岸で命綱をつけて、すくい網漁をする女性。2: 西岸の岩場にかけられた刺網。対岸（東岸）には、シートをかけた小屋が見える。[1・2: 2005年9月2日筆者撮影]

61

ル・フィッシャリーで夏のサケ漁ができたという（Kennedy and Bouchard 1992）。こうした点は、食糧資源を共有化することにより、生業に関するリスクを減らしていたようである。複数の異なるグループのテリトリーの狭間に位置するミッドフレーザー地域では、同一内グループだけでなく、隣接する外部のグループとの関係が重視された。こうした点は、既述の通り、他グループ間との婚姻関係を通してハイブリッド集団が生まれる大きな要因でもある（Teit 1906: 200、231-232）。ただし、外部にも開かれた公共の漁場もしばしば略奪に来るチルコーティンには認められていなかった（Kennedy and Bouchard 1992）。

　サケ漁は、産卵地に遡上途中のサケを岩場から柄部分が約3m、口部が袋状になったすくい網（dip net）で捕獲する方法が伝統的である（口絵2-4、図2-15-1）。現在では刺網漁も行われているが（図2-15-2）、同漁法は初期歴史時代以降に伝わったとされる（Kennedy and Bouchard 1992: 285）。サケ漁は伝統的に男性、サケの処理は女性の仕事で、男女の分業が行われていたが、今日では女性もすくい網、刺網漁を行い、男性がサケの処理を行う場合もある（図2-12-6、図2-15-1）。捕獲されたサケはその場で血抜きされ、場所があれば岩で囲んだプール（rock corral）で一時的に保管される。かつては銛、ギャフ・フック（Gaff hook）、ヤスを用いた魚突き、引掛けによる漁も行われたようであるが（Kennedy and Bouchard 1992; Kew 1992; Teit 1906: 228）、現在のシックス・マイル・フィッシャリーではみられない。上述の通り、トンプソン・リバー、ラフト・リバーなどで魚突き、引掛けが現在でも行われている所がある（図2-10-2、North Thompson Indian Band n.d.; Secwepemc Cultural Education Society 1994）。

　半乾燥地帯に特徴的な風を利用したサケの加工・保存は、ウィンド・ドライングと呼ばれる（口絵6）。サケの処理にはいくつかの工程がある（口絵7）。工程1．まず初めに頭を落とす。工程2．身を2枚にさばく。この段階では、身、中骨、尾鰭は連結している。工程3．中骨を落とす。工程4．その後、早く乾燥させるために尾鰭、皮付きのままさばいた身をナイフで等間隔に横刻みにしていく。なお、2・3の工程で長めの細切れを取ることもある。こうして、サケは、尾鰭、皮付きの赤身、長めの細切れ、中骨の3つに処理される。ただし、身を2枚にさばかず、腹を開いた状態で横刻みにする方法もある（Kennedy and Bouchard 1992: 図6-3; Romanoff 1992: 235）。

　50〜60匹のベニザケをさばくのに8時間かかり（Morin 2004: 287）、サケの捕獲よりもさばくことに時間がかかるとされる。サケの遡上は時期的に限られるので、労働力の確保が重要になってくる。サケを効率的に処理するためのより大きな労働力が確保できる多家族が形成される要因といえる（Hayden 1992b: 556-557）。

第3節　サケ漁と加工・保存に関するポリティカル・エコノミー

　尾鰭、皮付きの赤身、長めの細切れ、中骨はそれぞれ小屋にかけ数日から1週間、干すが、これにより寄生虫も死滅するらしい（Romanoff 1992）。干したサケは固くサーモン・キャンディーとも呼ばれ、風味はサケトバに近い（口絵7-6）。干したサケをほぐしたものをパウダード・サーモン（powdered salmon）と言い、サスカトゥーン・ベリー、サーモン・オイルと混ぜて食された（Kennedy and Bouchard 1992; Romanoff 1992: 237）。骨も小屋で干し、健康のためお年寄りに食べさせる。サケの頭、残った部分はオイルにし、他の食物と一緒に食された（Hill-Tout 1905: 135; Kennedy and Bouchard 1992; Romanoff 1992）。

　ウィンド・ドライングは半乾燥地帯の内陸プラトー、及びフレーザー・キャニオンで実施される（Duff 1952: 63-66）。それに対し、ローアー・リルウェットでは、燻製が行われる（Teit 1906: 228）。ミッドフレーザー地域では、燻製も行われるがマイナーとみられる（Kennedy and Bouchard 1992）。むしろ燻製は秋から冬にかけて雨の多いノースウェスト・コーストでスモークハウスにて行われることが一般的である（口絵8）。ウィンド・ドライングによる干したサケの利点は、長期保存（2～3年）が可能なことである。燻製サケは美味であるが、弱点は黴やすく保存が約1年しかもたない点にある（Rudy Reimer 私信）。サケの加工・保存方法が如何に気候に適応して発達してきたかが理解される。それと同時に味覚より保存という生存戦略の知恵が生かされているのかもしれない。

　サケは干した後、あるいは干さないで燻製、バーベキューするため家に持ち帰る。フィッシング・キャンプの多くは急峻なキャニオンに位置するため、かつてはその運搬にドッグ・パック、奴隷が利用されたこともあるという（Crenllin and Heffner 2000: 161; Brian Hayden 私信）。ノースウェスト・コーストの先住民が交通手段、物資の運搬に多用するカヌーは、ミッドフレーザー流域では急流と岩礁のため、流れが緩やかな下流のリルウェット・タウン近くの河岸の横断以外は危険である。かつてはサケの保存に貯蔵穴（cellar）と高床倉庫が併用されていたが（Romanoff 1992; Teit 1906: 215、223）、現在はこうした伝統的な施設は用いられていない。

　ミッドフレーザー地域では、サケは主要食糧であり、その不漁は飢饉を引き起こした（Kennedy and Bouchard 1992: 319; Teit 1906: 199）。既述の通り、サケの遡上は年により変動があるが、プラトーにおけるサケの1人当たりの1年間の消費量は、181～204kgと見積もられている（Hewes 1998: 621）。往時のアッパー・リルウェットでは、1家族で自己消費のため500～600本のマスノスケを捕獲していたという証言もある（Romanoff 1992: 228）。カナディアン・プラトーにおける古人骨の放射性炭素年代と炭素安定同位体分析に関するデータは豊富とはいえないが、海産性蛋白質の占める比率

は約 8000 年前で 8%、約 5000 年前で 40%、2400 〜 1500 年前では 48 〜 68% で、時期が下るにつれその比率が増加する傾向が指摘されている（Chisholm 1986: 124）。キートリー・クリーク（Keatley Creek）遺跡 HP7 竪穴住居跡出土、犬骨の炭素安定同位体分析でも蛋白質の 75% を海洋水産資源から所得していたとされる（Crenllin and Heffner 2000）。このデータは、犬と居住者の食物連鎖を示唆し、古人骨の炭素安定同位体分析結果と整合的である。

既述の通り、フレーザー・リバーを遡上するサケは数種類のものがあるが、キートリー・クリーク遺跡出土のサケ科魚骨の古 DNA 分析では、先史時代後期から、主にベニザケが消費されていたことが明らかにされた（Speller et al. 2005）。

こうしたサケ資源の分布が生業システム、集落形成に大きく関与していることは疑いえない。先史・歴史時代の集落が河川沿いに立地しているのは、サケ漁を考慮したうえでの選択であることは明らかである。豊かなサケ資源は生業的側面だけでなく、社会・経済・政治的にも重要な意味をもっていた。サケの長期保存の社会経済的重要性は、これらの保存品が近隣のグループに交易品として搬出され、その対価として富をもたらすという点にある（Duff 1952: 95; Romanoff 1992; Teit 1906: 232）。既述のように、サイモン・フレーザーは、1808 年に約 1000 人が夏場のサケ漁のために集まっていた所を目撃している。こうした事実は、ミッドフレーザー地域は交易ハブとして機能し、人口が季節的であるにせよ増加したことを示唆している。先史時代にもミッドフレーザー地域に実用品のみならず、奢侈品が集中する背景には、サケの交易品としての役割が大きかったと考えられる（Hayden and Schulting 1997）。サケの捕獲場所（岩場など）に関する所有権とともに、交易の掌握が富裕層の形成を促進し、経済的階層化が発達する大きな要因であろう（Romanoff 1992）。こうした経済力をもとに、有力者はポトラッチを催しその富を誇示した。ミッドフレーザー地域では、ノースウェスト・コーストと同様に富と世襲は循環しており、経済的により力のある集団が社会の中で主導権を握ることになる。

第 4 節　カナディアン・プラトーにおけるコンフリクトの性質

ノースウェスト・コーストにおいて、奴隷、食糧などの略奪を目的とした戦いが行われていたこと、また防御性集落の存在と人骨外傷という考古学的事実から、コンフリクトが先史時代まで遡ることを第 1 章第 2 節で既述した。隣接する亜極圏においても、チルコーティンとキャリアーの間で 1745 年以前から戦いが行われていたとされる（Morice 1906: 15-19）。狩猟民のチルコーティンは機動性に優れ、その広範囲にわ

第4節 カナディアン・プラトーにおけるコンフリクトの性質

たる略奪については、キャリアー、シュスワップ、リルウェット、スクワミッシュに及び（Hill-Tout 1900: 49; Teit 1906: 237、1909: 543）、少なくとも初期歴史時代前後にそうした活動が起きていたとみられる。

　初期の人類学的研究では、プラトー地域は平和で平等的な社会を形成していたとする説もあった（Ray 1932: 25-27）。しかしながら、ミッドフレーザー地域の民族誌にはグループ間の戦い、略奪に関する記録が多く残る。テイト（Teit 1900: 263-271、1906: 234-247、1909: 538-563）、ドーソン（Dawson 1892: 24-25）のトンプソン、リルウェット、シュスワップに関する民族誌にはコンフリクトの来歴、頻度に関する情報が豊富である。戦いの理由は、ノースウェスト・コーストと同様に私怨、報復、略奪（奴隷、食糧など）である（Teit 1900: 267）。一般的にリルウェットは戦いを好まないグループであり、それに対しトンプソンは好戦的とされる（Teit 1906、1909）。夏のサケ漁、春先の端境期にサケ資源の貧弱な地域（シュスワップ、チルコーティンなど）からサケの豊富な地域（リルウェット）に略奪にくるのである（図2-16、Cannon 1992）。こうした略奪に備えて、ミッドフレーザー地域では集落の回りに柵、避難路を設置し要塞化していた（Alexander 2000; Nastich 1954; Teit 1900: 266-267、1906: 235-236、1909: 539-540）。略奪は戦いに発展し、長期化することもしばしばあった。1808年にサイモン・フレーザーは、現リルウェット・タウンの反対岸に要塞化された集落（palisaded

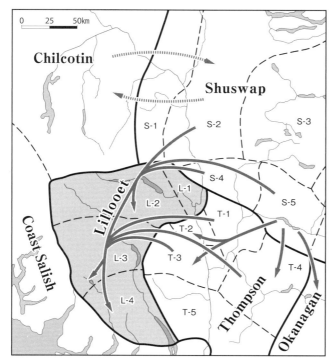

図2-16　プラトー・グループ間の略奪関係に関する模式図［Cannon（1992: 図1）から作成］

第 2 章　定住的狩猟採集民の資源利用と集落研究

village）を目のあたりにしている（Lamb 1960: 82）。この集落は高さ 5m の柵で囲われ強固に防御されていた[7]。その理由は、1）夏季のサケ漁のため、人口が集中していた（Alexander 2000）。2）この集落は平坦な地形に位置するため防御に適しておらず、攻撃にさらされやすかったとみられる。

　ミッドフレーザー地域に残る地名もコンフリクトの歴史を物語る有力な手がかりとなる。k'elelxen（先住民語で小さい柵を意味する）という地名はブリッジ・リバーの急峻な崖に残り（Kennedy and Bouchard 1978、1998a: 図 1-No.34）、こうした柵が外敵に備えて構築されたことを示唆している。テイト（Teit 1906: 237）によれば、他グループとの境界に近いブリッジ・リバーの上流は、外敵の侵入経路である。k'elelxen の立地は、深い渓谷のため侵入経路である反対岸から到達することは困難である。その上、この地点からはブリッジ・リバー・バレーを眺望でき、外敵を見張る上でも絶好の位置にある（図 2-17）。

　同様な地名は、ローアー・リルウェットのリルウェット・リバー西岸に qelatkuem/qelaxen[8]（先住民語で柵を意味する）として存在する（Kennedy and Bouchard 1998a: 図 1-No.85）。ローアー・リルウェットは、トンプソンから度々、略奪を受けているので、

図 2-17　k'elelxen（先住民語で柵を意味する）という地名が残る
ブリッジ・リバー・バレーの絶壁

シックス・マイル・フィッシャリーに近接したブリッジ・リバー西岸の段丘（口絵 5-1 の中央）に位置する。同様な地名は、ローアー・リルウェットのリルウェット・リバー西岸にも存在する。［2008 年 3 月 2 日筆者撮影］

第 4 節　カナディアン・プラトーにおけるコンフリクトの性質

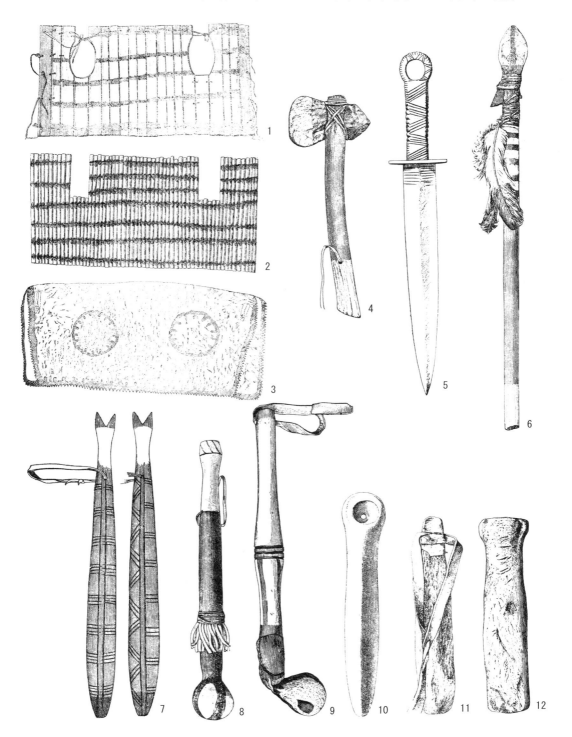

図 2-18　トンプソンの武具と武器
1・2: 鎧。3: 革製盾。4: トマホーク。5: 短剣。6: 槍。7: 木製棍棒。8・9: 石付き棍棒。10: 石剣。
11・12: 石製棍棒。[1〜12: Teit（1900: 図 245〜255）を掲載]

柵の設置、あるいは住居を要塞化していたというテイト（Teit 1906: 241-245）の記録とこの地名は、整合的である。そのため、ローアー・リルウェットは、トンプソンの攻撃を受けやすいリルウェット・リバーの東岸から西岸に集落の位置を移動させている（Teit 1906: 241）。これは、集落立地が環境的要因だけでなく、社会政治的要因にも左右されるという重要な証拠となる。

さらにテイト（Teit 1900: 263-266、1906: 234-235、1909: 538-539）は、戦いに使用された初期歴史時代の様々な武器・武具について詳細な記録を残している。図2-18は、トンプソンの武器・武具を示しているが、これらはリルウェット、シュスワップにも共通して用いられたとされる。遺物では、プラトー・ホライズン〜カムループス・ホライズンの鯨骨製・鹿角製棍棒、石製トマホークなどの武器が発見されている（Baker 1970; Morin 2006; Smith 1899: 149-150; Stryd 1973）。無論、弓矢などの狩猟具が戦いに適した道具であることは明らかである。弓矢はコロンビア・プラトーでは2,000 BPまでに、カナディアン・プラトーでは1,500BPまでには導入されている（Chatters 2004; Richards and Rousseau 1987: 34; Rousseau 2004）。こうした弓矢の導入は、それ以前の戦いと比べより機動的な攻撃を可能にしたと考えられる。

カナディアン／コロンビア・プラトーにおける6,400 - 1,800/1,500BPの人骨外傷の頻度は不明であるが、1,800/1,500 - 200BPの頻度は18.9%（N = 74）とノースウェスト・コーストに比べても高い（図1-5）。骨学的外傷における致死損傷（peri-mortem fractures）の占める比率は、カナディアン／コロンビア・プラトーでは60.3%（N = 58）、北部ノースウェスト・コーストで12.4%（N = 145）、中部ノースウェスト・コーストで19.5%（N = 123）と、致死にいたるバイオレンスはプラトーで極めて高い（Cybulski 2006）。上述したように、弓矢の出現も致死にいたるバイオレンスの比率を高めたであろう。実際、石鏃（projectile points）による先史時代後半期の人骨外傷はリルウェット周辺でも発見されている（Beattie in Stryd 1980: 10; Sanger 1970: 13）。以上の民族誌、及び考古学的事実は、先史時代でもコンフリクトが存在した可能性を強く示唆し、先史時代の集落において防御が重要であったことを物語る（Alexander 2000）。

第5節　カナディアン・プラトーの先史時代概略

(1) 先史時代前半期

ノースウェスト・コースト、及びプラトーには年代の目安となり、編年を組み立てるのに有効な土器がないため、石器の型式変化で編年を構築してきた（図2-19）。石

第 5 節　カナディアン・プラトーの先史時代概略

器の型式変化は緩やかであるため、文化的変遷の詳細を分析するためには目盛りが粗くならざるをえない。後述する通り、ミッドフレーザー地域における社会階層化の出現期とされる先史時代後期の各フェイズも約1000年単位で捉えられているので、社会階層化に関する詳細な形成過程を検討するためには不十分である。ただし、放射性炭素年代の測定データが近年、ノースウェスト全体で徐々に増加しており、こうした研究動向は徐々に改善されつつある。

　カナディアン・プラトーに人類が進出したのは、完新世の 11,000－10,000BP の頃からとされている（Rousseau 2008; Stryd and Rousseau 1996）。最終氷期最盛期（約2万年前）にブリティッシュ・コロンビアを含む北米北部は、コルディエラ氷床とローレンタイド氷床（Cordilleran and Laurentide ice sheets）で覆われていた。両氷床は完新世に前後する時期の温暖化により徐々に東西に後退し、それに伴い南北に無氷回廊（ice-free corridor）が出現する。しかしながら、コルディエラ氷床の南限は、約2万年前から約1万1千年前までちょうどブリティッシュ・コロンビアの南部にあり、約1万1千年前、氷床の消滅に伴い人類もプラトーに進出し始めたと考えられる（Hill 2006）。該期前後の人類のプラトーへの進出は、クロビス（Clovis）石器群に前後するとみられる表採資料の尖頭器（Western fluted point）、有茎尖頭器（Stemmed point）、槍先形尖頭器などの石器群の編年的位置から推定されたものである（Rousseau 2008; Stryd and Rousseau 1996）。これら石器群の年代は、周辺地域の石器編年と対比したものであり、今後、当地域における階梯の確立が必要とされる。

　近年のノースウェストの洞窟遺跡などの発掘調査の進展により、当地の完新世初期における人類の適応形態が判明しつつある。ノースウェスト・コーストでは、近年のクイーン・シャーロット・アイランドなどの海岸部に所在する洞窟遺跡などで発見された動物（魚類・海獣類）遺体から約 9,500－8,750BP の初期的な海洋適応が知られるようになった（Fedje et al. 2005; Fedje et al. 2011; Steffen 2006）。南東アラスカ、プリンス・オブ・ウェールズ・アイランド（Prince of Wales Island）の洞窟遺跡からは約1万年前の人骨が発見され、その炭素安定同位体比 $\delta^{13}C$ 値は海洋水産資源に依拠していたことを示すとされる（Dixon 2008; Dixon et al. 1997）。

　一方、ブリティッシュ・コロンビア内陸部、ピース・リバー（Peace River）流域のチャーリー・レイク・ケイブ（Charlie Lake cave）IIa/IIb 層（ca. 10,500－9,500BP）出土の動物遺体にはウサギ（Snowshoe hare）、バイソンなどが含まれることから、陸獣狩猟を主体とした生業を営み、内陸的な環境への初期的な適応が看取される（Driver 1996; Fladmark 1996）。該期のプラトーは、発掘調査も皆無に等しいので、不明なことが多い。

　プラトーを代表する文化的な特徴の一つが、冬の竪穴住居を中心とする恒久的な集

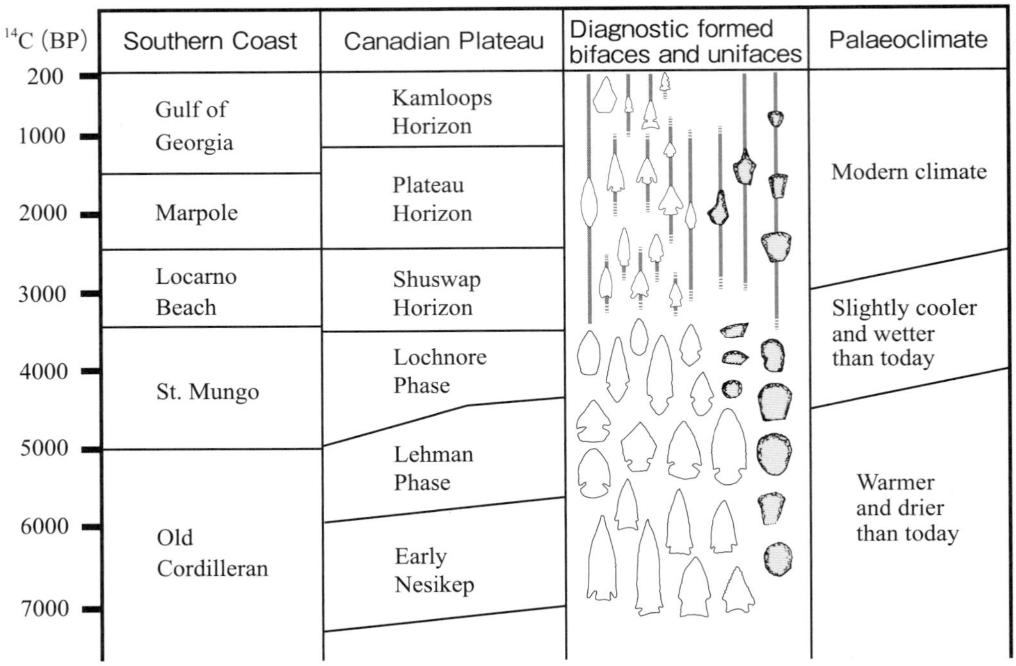

第2章　定住的狩猟採集民の資源利用と集落研究

^{14}C (BP)	Southern Coast	Canadian Plateau	Diagnostic formed bifaces and unifaces	Palaeoclimate
200 — 1000 —	Gulf of Georgia	Kamloops Horizon		Modern climate
2000 —	Marpole	Plateau Horizon		
3000 —	Locarno Beach	Shuswap Horizon		Slightly cooler and wetter than today
4000 —	St. Mungo	Lochnore Phase		
5000 —		Lehman Phase		Warmer and drier than today
6000 — 7000 —	Old Cordilleran	Early Nesikep		

図2-19　カナディアン・プラトーにおける編年
［Rousseau（2004: 図1-8）、Ames and Maschner（1999: 図7）をもとに作成］

落であることは既述した。地表面に窪地として遺存する竪穴住居は、考古学的データとして視覚的に追跡しやすく、プラトーでは竪穴住居の出現を時代区分の目安としている。竪穴住居出現以前は、ネシケップ（Nesikep、ca. 7,000 - 6,000BP）、リーマン・フェイズ（Lehman Phase、ca. 6,000 - 4,500BP）、竪穴住居が居住様式として多用される時期はプラトー・ピットハウス・トラディション（Plateau Pithouse Tradition。以下、PPTと省略。ca. 3,500 - 200BP）として大別されている（図2-19）。なお、ブリティッシュ・コロンビア考古学では、竪穴住居が住居として機能している場合は pithouse、廃棄されて考古学的な遺構として発見された場合は housepit が使用される。

　竪穴住居出現以前のネシケップ・フェイズ、リーマン・フェイズの遺跡は小規模で、遺跡数も少ないため人口密度は低く、移動性の高い居住形態をとっていたと考えられる。動物遺体の分析から魚類よりも陸獣資源に依拠し、PPTに比べ貯蔵経済は発達していなかったとみられる（Kuijt 1989; Rousseau 2004）。該期の石器組成には、有茎尖頭器、細石刃、円盤状削器が含まれる（Richards and Rousseau 1987; Rousseau 2004）。

　ロックノア・フェイズ（Lochnore Phase、ca. 5,000 - 3,500BP）は過渡期であり、該期に竪穴住居が出現するため、PPTに含める研究者もいる（Rousseau 2004）。該期をコレクター・システムの萌芽期とする見解（Hayden 2000a）と、多角的な生業に従事し、移動性の高いフォレージャー（定住せず、居住地を頻繁に変更する遊動的狩猟採集民）だっ

たとみる説がある（Rousseau 2004）。該期（ca. 5,000 - 4,500BP）にフレーザー・リバー下流、あるいはフレーザー・キャニオンのコースト・セイリッシュがプラトーへ進出し、インテリアー・セイリッシュの起源となったとする説もある（Rousseau 2004: 12; Stryd and Rousseau 1996）。

（2）先史時代後半期

PPT 以降は狩猟、採集に加え、サケ漁に特化し冬季に集住する半定住、あるいは定住的な居住形態をとっていたとみられる（Pokotylo and Mitchell 1998; Richards and Rousseau 1987; Rousseau 2004）。民族誌にみられる定住的な冬村をベースに漁撈、狩猟、採集活動により食糧資源をロジスティックに獲得し、貯蔵に依拠する生活形態は PPT に遡及し、該期がプラトーの先史時代における大きな画期であることは共通認識になっている（Pokotylo and Mitchell 1998; Prentiss and Kuijt 2004; Richards and Rousseau 1987; Rousseau 2004）。

PPT は一般的に先史時代後期（Late Prehistoric Period）と互換的に使用されることも多く、石器編年をもとにシュスワップ・ホライズン（Shuswap Horizon、ca. 3,500-2,400 BP）、プラトー・ホライズン（Plateau Horizon、ca. 2,400 - 1,200BP）、カムループス・ホライズン（Kamloops Horizon、ca. 1,200 - 200BP）の3期に細分されている（Richards and Rousseau 1987）。

カナディアン・プラトーにおける最古の竪穴住居跡は、約4000年前のベーカー（Baker）遺跡から発見されている（Rousseau 2004）。コロンビア・プラトーでも相前後する時期の竪穴住居跡が確認されているので、竪穴住居の出現はプラトーにおける共通した現象とみられる（Chatters and Pokotylo 1998）。ミッドフレーザー地域で最も古い竪穴住居跡は、ベル（Bell）遺跡のHP1（2,965 ± 95BP）で、シュスワップ・ホライズンに相当する。該期の竪穴住居跡は、小規模（＜径10m）な傾向があり、キートリー・クリーク遺跡、ミッチェル（Mitchell）遺跡などからも少数、発見されている（図2-20）。

該期の実用的な物質文化で特記すべきことは、骨角器（図2-21-1・2・4・5・13）、軟玉（Nephrite）製の石斧（図2-21-15）が出現することである。魚突きに使用したとみられる骨角製刺突具（図2-21-1・2・4・5・13）の出現は、それらを用いた河川における魚類資源の開発を示唆する。石斧は竪穴住居の柱や上屋の素材、及び燃料用の薪を調達するために不可欠な道具である。こうした骨角器、及び軟玉製石斧の出現は、竪穴住居の出現に示唆される定住性の高まりと河川・森林資源の開発が連動し、既述したコレクター・システムの発達を示唆するものであろう（Darwent 1998: 22-24）。

非実用的な物質文化では、装飾品（図2-21-6～8、10～12）、動物を造形した乳棒

第2章　定住的狩猟採集民の資源利用と集落研究

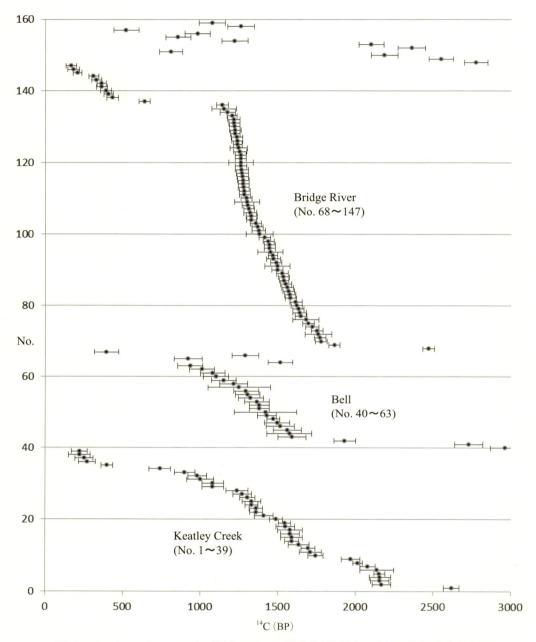

図2-20　ミッドフレーザー地域における竪穴住居跡採取試料の放射性炭素年代
No.は付表に準拠

第 5 節　カナディアン・プラトーの先史時代概略

状石製品（図 2-21-16）が出現する。ツノガイ（図 2-21-12）は海洋に生息するので、海岸部からの搬入品である。プラトーでは、ツノガイは女性用装飾品として用いられ富の象徴であることから（Stern 1998: 図 4）、威信経済の萌芽が示唆される。動物を造形した石製品はノースウェスト・コーストに由来し、同地域とのインターアクションを示すものであろう。これらの物質文化には、民族誌にみられるプラトー的な文化、生活形態の祖型が垣間見られる。

　シュスワップ・ホライズンに並行する時期のノースウェスト・コーストは、ロカーノ・ビーチ・ピリオド（Locarno Beach Period）と呼称される。該期にはプランク・ハウスを伴う冬村は確認されていないが、従来の多角的な生業からサケの大量捕獲、貯蔵にシフトし、物質文化ではラブレット、スレート製石器などが出現し、文化的変化が看取される時期である（Matson and Coupland 1995）。こうした点を勘案すれば、ノースウエスト一帯で大きな社会経済的変化が起きる時期といえる。

　プラトー・ホライズンは、大形住居、及び大規模な遺跡の出現に示唆されるように、人口が増加する。ミッドフレーザー地域における竪穴住居跡から採取された試料の放射性炭素年代が示すように、キートリー・クリーク遺跡を除き、プラトー・ホライズン前半期における集落遺跡は疎らである（図 2-20）。それに対し、その後半期からカムループス・ホライズンにかけての 1,800 - 1,100BP は、キートリー・クリーク遺跡、ブリッジ・リバー遺跡、ベル遺跡における竪穴住居跡の年代も連綿としており、これらの集落が並存した可能性が高く、該期はミッドフレーザー地域の盛期といえる。

　該期の物質文化は、骨角器（銛など）の増加、骨製掘具、精巧な動物形石・骨製品の出現に特徴づけられる。骨製掘具の出現（図 2-21-19）は、後続するカムループス・ホライズンとともに、該期における根茎類の開発を示唆し、アッパー・ハット・クリーク・バレー（Upper Hat Creek Valley）などで根茎処理のための炉穴の増加する傾向と整合的である（Lepofsky and Peacock 2004; Morin et al. 2008; Pokotylo and Froese 1983）。

　動物形石・骨製品（図 2-21-28・30・31）は、ノースウェスト・コースト様式に通じるものがある。これらの動物形石・骨製品は、ベル遺跡竪穴住居跡 HP19 に幼児を埋葬した墓から出土しており、以下の点で注目される。第一に、図 2-21-28 は、クマを造形したものとみられ、クレストの可能性があることである。テイト（Teit 1906: 252-254）によれば、ブリッジ・リバーのベア・クランのクレストはクマで、クマのクレストとクレスト・グループの存在が該期まで遡る可能性を示唆する。そうであれば、この幼児はクレストを継承する身分の家柄で、その地位が世襲であった可能性がある（Stryd 1981）。第二に、透かし彫り櫛製品（図 2-21-31）は、2 羽の鳥が向き合う構図であることと、目の周りを玉抱き三叉状に縁取る手法からノースウェスト・コー

第 2 章　定住的狩猟採集民の資源利用と集落研究

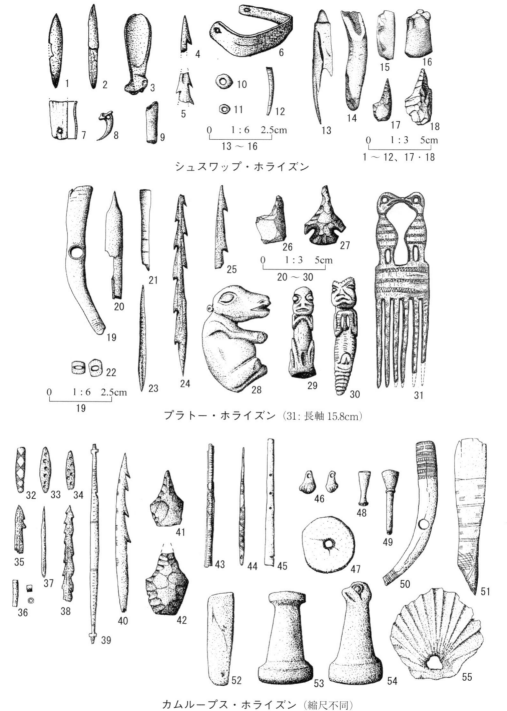

シュスワップ・ホライズン

プラトー・ホライズン（31: 長軸 15.8cm）

カムループス・ホライズン（縮尺不同）

図 2-21　カナディアン・プラトーにおける物質文化の変遷

28・30・31 は、ベル遺跡 19 号住居跡の幼児を埋葬した墓から、29 も 19 号住居跡床面から出土した。
［1 ～ 30・32 ～ 55: Richards and Rousseau（1987: 図 17・20・23）を改変、31: Stryd（1983: 図 9-7）を掲載］

ストからの搬入品で、奢侈品であることである。2羽の鳥が向き合う構図の類例は、菅見では2例ある。1例は、ワシントン州ホコ・リバー遺跡（Hoko River site）出土の蓆に折り目を付けるための木製品で、その年代は3,000-2,800BPとされる（Ames and Maschner 1999: 233）。もう1例は、バーク・ミュージアム（Burke Museum）のコレクションで、ワシントン州ニア・ベイ（Neah Bay）からのものとされる（Hayden and Schulting 1997: 図6）。いずれも先住民マカー（Makah）のテリトリーに由来するものである。幼児を埋葬した墓は、厚葬であることと、副葬品には透かし彫り櫛製品のような奢侈品を含むことから、その家柄は、ノースウェスト・コーストとの交易ネットワークに関与できた有力者であろう（Stryd 1981）。ただし、ベル遺跡の透かし彫り櫛製品は、1,510-1,390BP、1,625-1,445BP、1,470-1,070BPの年代があり（Stryd 1981）、最も新しい年代は、カムループス・ホライズンまで下る可能性を示す（Richards and Rousseau 1987; Stryd 1981）。

　このような人口の増加、集住をもとに該期はクラシック・リルウェット・フェイズ（Classic Lillooet Phase）と呼称されることもある（Hayden 1997）。大形住居、及び大規模な遺跡の出現と物質文化の精巧化に具現される文化的高揚などは、ノースウェスト・コーストのマーポール・ピリオド（Marpole Period）に通じるものがある。マーポール・ピリオドとは、民族誌にみられるようなプランク・ハウス、拡大家族、冬村、サケの大量貯蔵、社会的階層化が形成される時期である（Matson 1992）。

　カムループス・ホライズンは、プラトー・ホライズンとは対照的に大形住居、及び大規模な遺跡は減少し、しかも小形住居が主流となる。ブリッジ・リバー（Bridge River）遺跡では1,100-700BPまで途絶期間があり、ベル遺跡は900BP前後に途絶する。ミッドフレーザー地域に再び集落が設営されるようになるのは、500BP以降とみられる（図2-20）。

　物質文化では、骨角製品に線刻、列点文を施し、造形や装飾に独自性が看取される（図2-21-32～34・43・44・50・51）。該期の墓から軟玉製大形石斧が発見されることがあり、奢侈品として機能、流通していたとみられる（Darwent 1998; Morin 2012: 468-474; Shulting 1995）。ノースウェスト・コースト的な石製ハンマー（図2-21-53・54）、貝（ホタテガイ）製品（図2-21-55）からは、該期における海岸部との交易が示唆される。

　大形住居、及び大規模な遺跡の出現に示唆されるようなプラトー・ホライズンにみられた集住がカムループス・ホライズンではなぜ衰退していくのか、ミッドフレーザー考古学における大きな課題である。考古学データと地質データをもとに、ヘイデンとライダー（Hayden and Ryder 1991、2003）はキートリー・クリーク遺跡を含む大規模な遺跡の廃絶の時期を1,200BP頃とし、この廃絶はミッドフレーザー下流、テキサス・

クリーク（Texas Creek）の地すべりによりサケの遡上が途絶し、壊滅的な打撃を受けたためとみる。それに対し、カイトとプレンティス（Kuijt and Prentiss 2004）は、該期における気候の冷涼化が根茎類資源の減少を招くことで、環境収容力（carrying capacity）が低下し、その結果、人口の減少が起きたとする。また、1,000－800BPの大規模な遺跡の減少はミッドフレーザー地域だけでなく、プラトー全体の現象とし、大規模な遺跡の廃絶は漸移的なものとみる（Kuijt and Prentiss 2004）。

第6節　ミッドフレーザー地域における先史時代後半期の集落遺跡

　ミッドフレーザー地域は、ブリティッシュ・コロンビアにおいて考古学的調査が最も進んだ地域であり、開発もまだそれほど及んでいないため遺跡の保存も比較的良好である。当地域には100軒以上の竪穴住居跡が群集する遺跡が集中しており、考古学的に注目されてきた（Hayden 1997; Morin et al. 2008; Prentiss and Kuijt 2004; Prentiss et al. 2008; Stryd 1973; Stryd and Lawhead 1978）。この地域における考古学的研究は社会的に複雑な狩猟採集民の進化を探究するために、1）大規模な遺跡の形成過程と大形住居の出現、2）こうした現象と関連するプラトーの文化的動態に焦点を当て多くの調査が実施されてきた（Hayden 1997; Prentiss and Kuijt 2004; Prentiss et al. 2008; Stryd 1973; Stryd and Hills 1972; Stryd and Lawhead 1978）。そのため、ミッドフレーザー地域は、遺跡のデータがブリティッシュ・コロンビアでは最も充実した地域である。とはいえ、まだ全面発掘調査された遺跡は皆無で、当地域におけるセトルメント・パターンの分析は十分とは言えない。

　ミッドフレーザー地域におけるセトルメント・パターン論の特徴は、半乾燥地帯ということもあり地表面から竪穴住居、貯蔵穴、炉穴などの遺構が窪みとして確認できるため、その所見におう所が大きい点にある。地表面からの観察に基づけば、ミッドフレーザー地域における先史集落遺跡の立地、形態、規模は多様で、1軒から160軒のものまである（図2-22、表2-4）。ミッドフレーザー地域は、プラトーの中でも大形住居（＞径15m）が存在することで著名である（Hayden 1997: 図4-3）。例えば、径22mのキートリー・クリーク遺跡HP1をはじめとして、径約19mのマッケイ・クリーク遺跡のHP1などがある（図2-26-3）。こうした大形住居は大規模な遺跡に伴い、小規模な遺跡には今の所、確認されていない（Stryd 1973）。ミッドフレーザー地域における大規模な遺跡であるキートリー・クリーク遺跡、ベル遺跡、ブリッジ・リバー遺跡は発掘調査が行われており、以下、これらの遺跡について概観する。なお、本文中にアルファベットと数字で記載された遺跡名が出てくるが、これはボーデン・システ

第6節　ミッドフレーザー地域における先史時代後半期の集落遺跡

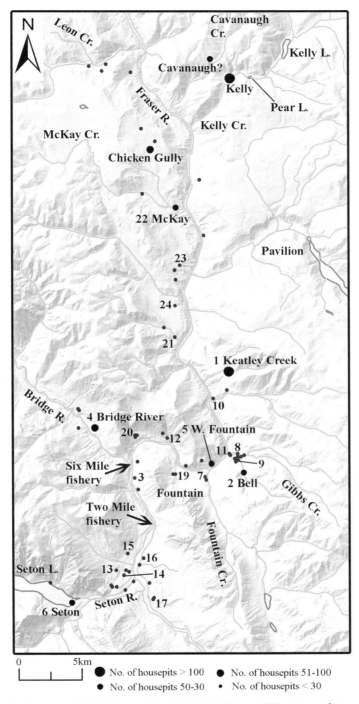

図2-22　先史集落遺跡の分布と防御性に関する遺跡のサンプリング
No.は表2-4に準拠。

ム（Borden system）という遺跡登録方法に基づいている[9]。このシステムは、カナダ全体を方眼状に区画し、各方眼に遺跡番号を割りあてるとともに遺跡を経緯度で登録したものである。すべての遺跡はボーデン・ナンバー（Borden No.）で登録され、その著名なものについては個別の遺跡名がある。

キートリー・クリーク（EeRl-7）遺跡

当遺跡からミッドフレーザー地域における階層化した社会的に複雑な狩猟採集民の進化に関する研究が本格的に始まったため、最も重要な位置を占める。遺跡中央を流れる沢（キートリー・クリーク）の北側には氷河により形成された緩やかな斜面、南側にはテラス状の平坦面（南側テラス）がある（図2-23a・b）。竪穴住居跡集中部はこの緩やかな斜面に位置し、その南西側は馬の背状テラス（モレーン・テラス）、東側には山が控えている。遺構は、竪穴住居跡集中部で約120軒の竪穴住居、100基の土坑（貯蔵穴、炉穴など）が確認されているが、南側テラスでは少数確認されるのみである。当遺跡では径15m以上の竪穴住居跡が28軒あり（Hayden 2000a: 図14）、竪穴住居跡の数、遺跡の大きさにおいて群を抜いている。

竪穴住居跡採取試料に基づく放射性炭素年代では2,600BP前後に竪穴住居が出現するが、2,200－2,000BPまでは断続的で、1,700－800BPにかけて連続的である（図2-20）。ヘイデン（Hayden 2000a、2005）は、キートリー・クリーク遺跡は2,600BP、あるいはそれ以前から大形住居を伴う大規模な集落だったとし、約1,100BPまでそのような集落として継続していたとする。それに対し、プレンティスやカイト（Kuijt and Prentiss 2004; Prentiss et al. 2003）は、当遺跡に大形住居が伴い集落として大規模であったのは約1,600－1,000BPに限定されるとする。このように大形住居、及び大規模な集落の出現がシュスワップ・ホライズンまで遡るのか、またいつまで継続したのかについては、論争となっている。

当遺跡の人口は、ピーク時のプラトー・ホライズンに約1200～1500人を擁したと見積られている（Hayden 1997: 48）。ただし、30軒の竪穴住居跡が部分的に発掘調査され、8軒の竪穴住居跡が完掘されているのが現状である。放射性炭素年代に関するデータも限られた竪穴住居跡に集中しているので、今後、放射性炭素年代に関するデータを拡充し、集落の変遷を明らかにするとともに、竪穴住居の同時性と人口推定の精度を高める必要がある。

また、キートリー・クリーク遺跡の大形住居は富裕層の住まい、小形住居は貧困層の住まいと解釈されたが（Hayden 2000c）、大形住居と小形住居の同時性は未検証である。こうした知見に基づき、大形住居の居住者は主にベニザケ、小形住居の居住者

第6節　ミッドフレーザー地域における先史時代後半期の集落遺跡

図2-23a　キートリー・クリーク遺跡と集落の変遷案

1a: 竪穴住居跡集中部の拡大、1b: 遺跡全体図、2～4: ヘイデン（Hayden 2000a）による竪穴住居跡の変遷案。グレーの竪穴住居跡が各時期に設営されたものとされる。[1a: Morin et al.（2008: 図6）を改変、1b: Morin et al.（2008: 図5）から作成、2～4: Hayden（2000a: 図17～19）をもとに作成]

第 2 章　定住的狩猟採集民の資源利用と集落研究

図 2-23b　キートリー・クリーク遺跡
1: 竪穴住居跡集中部遠景。2: 南側テラス遠景［1: 2007年9月2日筆者撮影、2: 2004年4月29〜30日筆者撮影］

第6節　ミッドフレーザー地域における先史時代後半期の集落遺跡

はその他のサケを消費し、両居住者間で経済的格差があったとされた（Hayden 1997: 103-104、2000c; Kusmer 2000）。しかしながら、キートリー・クリーク遺跡出土のサケ科魚骨の古DNA分析は、大形住居と小形住居の間でその構成種に差異はなく、主にベニザケが消費されていたことが明らかにされた（Speller et al. 2005）。古DNA分析の成果により、サケ科魚骨組成の差異を根拠とする大形住居と小形住居の居住者間で経済的格差があったという説は成りたたなくなった。

ブリッジ・リバー（EeRl-4）遺跡

当遺跡はブリッジ・リバーの河岸段丘に位置し、シックス・マイル・フィッシャリーには直線距離で約4km離れているだけで、漁場へのアクセスは大規模な集落遺跡の中で最も優れている。現在の先住民の集落は、遺跡直下の一段低い段丘面に所在する。また、ブリッジ・リバー上流域は動植物資源が豊富で、狩場、採集地点があり（Teit 1906: 237、256）、食糧資源へのアクセスという観点からすれば、ミッドフレーザー地域の中では最適地に位置している。この遺跡には、80軒の竪穴住居跡と土坑が近接して分布している（図2-24）。竪穴住居跡は、径15m以上のものが5軒あるが、その他の大規模な集落遺跡にみられるような径18〜22mの超大形住居がない。

プレンティスら（Prentiss et al. 2008）は、竪穴住居跡床面採取試料の放射性炭素年代のデータに基づき4期の集落の変遷を提唱する。この変遷案では、1期（BR1）1,797－1,614 calBPは183年間で7軒、2期（BR2）1,552－1,326 calBPは226年間で17軒、3期（BR3）1,275－1,261calBPは14年間で29軒、4期（BR4）610－145calBPは465年間で13軒ある。1期は、ブリッジ・リバー遺跡における集落の出現期、3期は集落の盛期で、4期は衰退していく時期である。竪穴住居跡の分布から、2期には集落の中央に広場を有する弧状の集落、3期には複数の竪穴住居クラスターから構成される集落が形成されていたとみなされている（図2-24-3）。このような竪穴住居跡の分布から、2・3期には、複数（2群以上）の集団から構成される社会集団の存在が想定されている（Prentiss et al. 2008）。

プレンティスらのブリッジ・リバー遺跡における調査・研究成果は、放射性炭素年代に基づき集落の変遷案を示した点は評価されるが、以下の点に課題が残る。1）各フェイズ期間の差が顕著である。2）3期は集落の最盛期であるが、HP1とHP3、HP1とHP18、HP28とHP51は重複しており、並存していたと考えるのは困難で、該期の竪穴住居は、少なく見積もられるべきであろう。3）また、2・3期には一部の竪穴住居跡が近接しすぎて分布していることから、それらの竪穴住居が並存していたとみるのは困難と判断される。こうした観点から、竪穴住居の同時性、集落の変遷案、複

第 2 章　定住的狩猟採集民の資源利用と集落研究

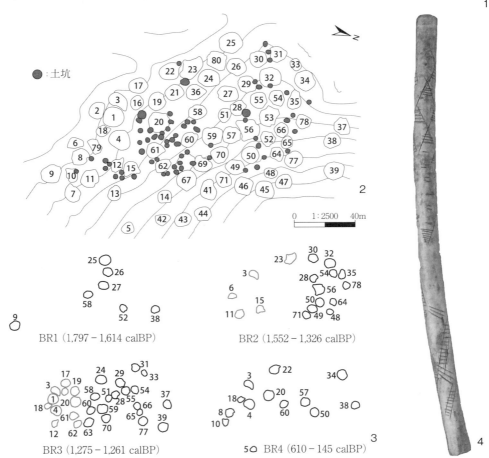

図 2-24　ブリッジ・リバー遺跡と出土品

1: 遺跡遠景。一段低い段丘面に先住民の集落が所在する。2: 遺構配置図。3: 集落変遷案。2・3 期には、黒線とグレー線に示される竪穴住居跡の分布から、複数の集団から構成される社会集団の存在が想定されている。4: 魚が線刻された長管骨製品。先住民の集落から採集されている。
［1: Bridge River Indian Band のご厚意により掲載、2・3: Prentiss et al. (2008: 図 4・11) から作成、4: 2004 年 4 月 21 日筆者撮影］

第6節　ミッドフレーザー地域における先史時代後半期の集落遺跡

数の集団から構成される社会集団の存在についても今後さらに検証が必要であろう。

ベル（EeRk-4）遺跡

　当遺跡では竪穴住居跡 31 軒が確認され、径 15m 以上の竪穴住居跡が 7 軒ある（図 2-25）。キートリー・クリーク遺跡やブリッジ・リバー遺跡に比べ、遺跡は小規模である。この遺跡は山腹の平坦面に立地し、キートリー・クリーク遺跡やブリッジ・リバー遺跡の立地とは大きく異なる。フィッシャリー（図 2-13）が近接して所在するが、当遺跡は山腹に位置するため捕獲したサケを漁場から集落まで運搬するのは重労働であったであろう。その一方で、山腹に位置するため視界が広く、フレーザー・リバー周辺の集落遺跡を見渡すことができるという利点を考慮すれば、食糧資源へのアクセスだけでなく、社会的な緊張関係、すなわち防御性を考慮にいれた立地の可能性がある（Hayden 2000a）。ベル遺跡を取り囲むようにギブス・クリーク（Gibbs Creek）遺跡、イースト（East）遺跡、EeRk-16 遺跡などの小規模な集落遺跡が所在している。ギブス・クリーク遺跡竪穴住居跡の放射性炭素年代は 1,515BP、920BP で、ベル遺跡が形成された時期と重なっている。イースト遺跡の場合は 395BP で、ベル遺跡の衰退後に設営されている。このような小規模な集落遺跡がギブス・クリークに点在している点は、防御性という観点から注意される。

その他の遺跡

　ミッドフレーザー地域には、これらの発掘調査された主要 3 遺跡の他にも、マッケイ・クリーク（Mckay Creek）遺跡、エイカーズ／チキン・ガリー（Aker's/Chicken Gully）遺跡、ケリー・レイク（Kelly Lake）遺跡などの大規模な遺跡が所在するが、未発掘、あるいは部分的にしか調査が行われていないため、不明な点が多い。

　マッケイ・クリーク遺跡は、ミッドフレーザー地域の中では、樹木の茂るフレーザー・リバーの西岸段丘に位置する（図 2-26）。ブリティッシュ・コロンビア政府考古部門の遺跡データベースでは、EfRl-3 と EfRl-13 として登録されている。46 軒の竪穴住居跡があり、そのうち 2 軒が径 15m 以上で、最大のものは約 19m ある。これら竪穴住居跡の周りには、複数の小規模な土坑が観察できる（Morin et al. 2008）。

　エイカーズ／チキン・ガリー（EfRl-5）遺跡は、マッケイ・クリーク遺跡と同様にフレーザー・リバーの西岸段丘に位置し（図 2-27）、少なくとも 75 軒の竪穴住居跡がある（Morin et al. 2008）。その中には径 20m の大形のものが 1 軒含まれる。キートリー・クリーク遺跡、ブリッジ・リバー遺跡、ベル遺跡、及びマッケイ・クリーク遺跡では、同一地形面に竪穴住居が集中して設営される傾向が看取されるが、当遺跡には、そう

第 2 章　定住的狩猟採集民の資源利用と集落研究

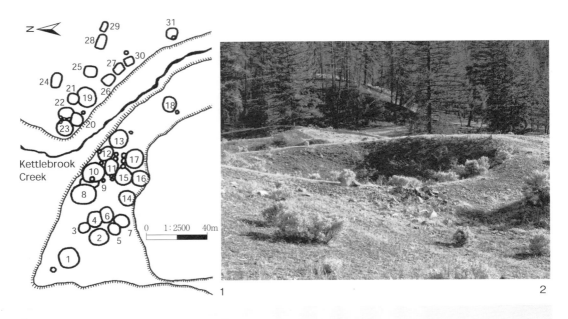

図 2-25　ベル遺跡
1: 遺跡全体図。2: 遺跡近景。手前は竪穴住居跡 HP1（径約 12m）。3: 遺跡からの眺望。[1: Morin et al.（2008: 図 4）を改変、2・3: 2004 年 4 月 20 日筆者撮影]

第6節　ミッドフレーザー地域における先史時代後半期の集落遺跡

図 2-26　マッケイ・クリーク遺跡
1: 遺跡全体図。2: 遺跡近景。3: 竪穴住居跡 HP1（径約 19 m）近景。中央に人が立ち、竪穴住居跡の深度が推察できる。[1: Morin et al.（2008: 図 7）を改変、2・3: 2007 年 9 月 22 日筆者撮影]

第 2 章　定住的狩猟採集民の資源利用と集落研究

図 2-27　エイカーズ／チキン・ガリー遺跡
1: 遺跡近景。対岸は、フレーザー・リバー東岸。2: 竪穴住居跡近景。[1・2: 2007 年 9 月 21 日筆者撮影]

第6節　ミッドフレーザー地域における先史時代後半期の集落遺跡

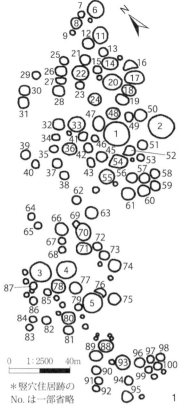

図2-28　ケリー・レイク遺跡
1: 遺跡全体図。2: 竪穴住居跡近景。中央に人が座り、竪穴住居跡の深度が推察できる。[1: Morin et al. (2008: 図8) を改変、2: 2007年9月23日筆者撮影]

＊竪穴住居跡のNo.は一部省略

した集中部がみられず、遺跡内で地形の起伏が顕著であるためか竪穴住居跡が分散している。

ケリー・レイク（EfRk-1/EfRl-25）遺跡は、コールド・スプリング（Cold Spring）遺跡とも呼称され、ケリー・レイク（Kelly Lake）とペア・レイク（Pear Lake）の西方に所在する（図2-28）。ミッドフレーザー・リバー東岸は、半乾燥地帯の植生が顕著であるが（図2-25-3、図2-27-1）、当遺跡周辺は対照的に森林に覆われている。この遺跡は、19世紀におけるシュスワップ・フレーザー・リバー・ディヴィジョン、クリントン・バンド（Clinton band）の中心的な集落であった（Teit 1909: 458-459）。ミッドフレーザー地域では、大規模な遺跡はフレーザー・リバーに近接して分布する傾向があるが、この遺跡はフレーザー・リバーから約4km離れている。少なくとも160軒の竪穴住居跡があり、そのほとんどものは径8～10mである。径15m以上のものが3軒あり、最大のものは径17mある。竪穴住居跡には、径15m以上のものが3軒あることから、PPTのものが含まれているとみられる（Morin et al. 2008）。上述の通り、この遺跡は19世紀におけるクリントン・バンドの中心的な集落でもあり、遺跡の形成は複数時期にわたるものとみられる。

第2章　定住的狩猟採集民の資源利用と集落研究

第7節　ミッドフレーザー地域における先史集落遺跡の適地性

はじめに

本節では、GISを用いてミッドフレーザー地域における先史集落遺跡の適地分析を試みる。本書における適地分析とは、GISの空間解析機能であるオーバーレイ解析（Overlay analysis）を用い、環境的資源へのアクセスを基準とし、その条件に合う空間を検索するとともに、集落遺跡がどのような環境ゾーンに位置するかにより、その立地を評価することである。オーバーレイ解析のインターセクト（Intersect）は、複数の空間データ（ベクター・データ）を重ね合わせることにより、これらの条件を満たす空間を新たにポリゴン・レイヤーとして生成させることができる。この手法は、商業分野などで広く利用される。身近な例をあげれば、不動産業に関するGIS分析では、交通機関、買物、学校、病院などへのアクセスが重要な基準となり、それらの条件を満たす物件を空間的に検索するとともに評価する。

こうした分析は、考古学でも応用されGIS立地モデル（GIS site location model）などと呼称され、近年その重要性が増しつつある。北米では、この分析は、主に下記の二つの用途で用いられる。1) 文化資源管理（cultural resource management）のツールとして、遺跡がどこにあるかを環境・生態的要因をもとに予測し、将来の経済的開発から保護する、あるいは開発された場合のインパクトを予測する。この手法は、特に開発があまり及んでいない地域で用いられることが多い。2) 発掘調査のデータが整った地域では、先史・歴史時代における土地利用、及びセトルメント・パターンの分析に利用されることが多い。両者に共通しているのは、遺跡立地の環境・生態的要因を究明することである（Kamermans 2006; Mink et al. 2006）。

しかしながら、環境・生態的要因に基づくGIS立地モデルは遺跡の機能、あるいは年代が考慮されていないという点において静的であるという批判を受けている（Dalla Bona and Larcomble 1996; Hasenstab 1996）。実際に遺跡の機能、規模は多様であり、環境・生態的要因、及び社会的要因により発達、あるいは廃絶されることもある（Hasenstab 1996）。既述の通り、狩猟採集民のセトルメント・システムは季節的な生業活動と密接に結びついており、そうした活動は多様な遺跡として残される（Binford 1980）。こうした狩猟採集民の活動を勘案すれば、GISによる立地分析も単なる遺跡の存在よりもその機能を視野にいれる必要があろう。

こうした遺跡の機能を検討する上でミッドフレーザー地域における豊富な民族誌は、先史時代のセトルメントに関する重要な情報源となる。民族誌に基づく歴史時代の冬村の位置、土地・資源利用は先史時代における集落の立地について重要な手がか

りを与える。特に、アッパー・リルウェット、ファウンテン地域はその伝統的な資源利用も詳細に研究されている（Hayden 1992a）。こうした点を踏まえ、本節では 1）民族誌に基づき集落の立地要因を探り、集落の適地性に関する基準を構築する。2）それをもとに先史集落遺跡への応用と比較を試みる。3）合わせて、先史集落遺跡の適地性と規模の関係について検討する。

（1）方法と分析過程

1. 民族誌に基づく集落遺跡の適地基準

民族誌を参照すると、集落遺跡は通常、飲料水、燃料と建築材が確保できる森林へのアクセスや、冬季の風除けが可能で、水はけの良い土地に立地していたとされる（Alexander 2000: 35; Dawson 1892: 8; Kennedy and Bouchard 1978: 35-36）。半乾燥地帯のミッドフレーザー地域では、集落は飲料水が確保できる沢、泉近くに位置することが必須である。とはいえ、土砂で濁ったフレーザー・リバーの水は、飲料水として適当でない。第3節で既述の通り、主要な生業であるサケ漁のため漁場に近接していること、すなわち、フレーザー・リバー近くに立地していることも重要である。ただし、キャニオン地形のミッドフレーザー地域では、集落を設けるのに適した場所は、河岸段丘面などの平坦地に限られる。それとともに、竪穴住居の構築や、その維持のための木材、及び冬季燃料を確保するため、森林へのアクセスが重要な点は、上記の民族誌に記録されている通りである。森林へのアクセスについては、後述する土地利用図を検討した結果、本節で対象とする先史集落遺跡は、すべて森林からの距離が500m以内に位置すると想定されたので、最終的に適地基準から除外することとした。風除けについては、風の動き、方向、速度はGISではデータ化、及び分析が困難であることと、データも存在しないので、検討対象外としている。以上の点を踏まえ、集落遺跡の適地分析には下記の基準を用いることとした。

1. 傾斜　0°−15°（平坦地）、あるいは＞15°
2. 沢への近接性　沢からの距離＜500m、あるいは＞500m
3. 川への近接性　川からの距離＜1000m、あるいは＞1000m

2. デジタル・データと分析過程

適地分析にはDEMs、土地利用図、基盤地図などのデジタル・データが必要である。傾斜については、第2節で既述のDEMsから傾斜（slope）ラスターを作成し、0°−15°の空間を平坦地として抽出後、ベクター・レイヤーに変換した。TRIMの水文に関す

るベクター・データは川（river）と沢（creek）を含むため、両者を分離しそれぞれのレイヤーを作成した。その後、沢からの距離500m、川からの距離1000mのバッファーポリゴンを作成した。

　土地利用図には、ブリティッシュ・コロンビア政府のBaseline Thematic Mapping（以下、BTMと省略）を使用している（Province of British Columbia Ministry of Sustainable Resource Management Geographic Data BC 2001）。ミッドフレーザー地域のBTMは、農耕地、裸地、淡水、森林、レンジ・ランド、レクリエーション用地、居住地と農耕地の混在地、及び市街地のポリゴン・データから構成される（表2-3a）。オーバーレイ解析を行う前に、これらのポリゴンを先史時代のランドスケープと整合性を持たせるように再分類する必要がある。花粉分析の成果によれば、ミッドフレーザー地域の古環境は、約3,000BP以降、半乾燥地帯である（Mathewes and Pellatt 2000）。当地域における開発は限られることから、先史時代後期のランドスケープはある程度、推定可能である。BTMで農耕地、レクリエーション用地、居住地と農耕地の混在地、及び市街地とされるポリゴンは、先史時代後期には草地、ヤマヨモギ（Sagebrush）の生える平坦地、マツとダグラスファー（Douglas fir）の混交する疎林であったと推測される。森林の現況に関する様々なポリゴンは、ディゾルブ（dissolve）して一つの森林レイヤーとして統合した。ディゾルブとは、同じ属性を持つポリゴンを一つのレイヤーとして統合することである（Ormsby et al. 2001）。このようにして、BTMのポリゴンは草地、淡水、森林、裸地に再分類して使用している。

　歴史時代集落に関しては、図2-6の冬村から42集落を適地分析のために用いることとした。先史集落遺跡の空間情報は、ブリティッシュ・コロンビア政府の遺跡データベースを利用して、ベクター・ポイント・レイヤーを作成した。このデータベースは、ブリティッシュ・コロンビアの遺跡に関する最も包括的なもので、遺跡の分類（site typology）、経緯度、年代、文献、先行研究などの属性から構成される。遺跡の分類には、遺構（竪穴住居、貯蔵穴、墓、ロック・アートなど）に関する情報、遺物の内容など、遺跡の機能を示すデータが含まれる。ただし、このデータベースには遺跡の規模、竪穴住居跡軒数は含まれていない。そのため、後述する竪穴住居跡軒数は、ストライドとヒルズ（Stryd and Hills 1972）の論文、及び我々（Morin et al. 2008）の踏査の成果に基づいている。遺跡データベースの放射性炭素年代に関する情報については、近年、キートリー・クリーク遺跡とブリッジ・リバー遺跡でデータが増えているので、更新する必要があった（Hayden 2000b; Prentiss et al. 2008）。また、遺跡の分類などについても最新、あるいは原報告に基づき変更が必要な部分は更新している。この遺跡データベースに基づき、ミッドフレーザー地域で竪穴住居跡が確認されている62遺跡を

第 7 節　ミッドフレーザー地域における先史集落遺跡の適地性

分析対象とすることとした（図 2-29、表 2-2）。

(2) 先史集落遺跡の適地性

　適地分析の基準としたのは傾斜、沢からの距離、川からの距離であることは上述した。これらの条件に合う空間（ポリゴン）をインターセクトし、こうした環境ゾーンへの歴史時代、先史時代集落の出現頻度について比較を行った（表 2-2）。平坦地で沢からの距離＜ 500m、川からの距離＜ 1000m という好条件の環境ゾーンを適地性「高」、平坦地で沢からの距離＜ 500m、川からの距離＞ 1000m の環境ゾーンを適地性「中 A」、平坦地で沢からの距離＞ 500m、川からの距離＜ 1000m の環境ゾーンを適地性「中 B」とすることとした。傾斜＞ 15°の空間は適地性「低」とし、沢からの距離、川からの距離をもとに細分している。

　適地分析の結果、歴史時代、先史時代の集落遺跡ともに「中 B」が約 40%、「低 B」が 20% 前後、「高」が 17 ～ 18%、その他は低率であるという類似する傾向が得られた。歴史時代、先史時代の集落遺跡ともにそれぞれ「高」と「中」を合わせると 60 ～ 70% を占めるので、3 つの適地基準、すなわち環境的要因が先史時代の集落遺跡にとっても重要であったことを示している。「低」の占める頻度は歴史時代で 38%、先史時代で 32% である。先史時代の集落遺跡で「低」の環境ゾーンに位置するものは、ファウンテン周辺に集中する傾向がみられる。既述の通り、ファウンテン周辺は、急峻なキャニオン地形のため集落設営に適した平坦地は少ない。それにもかかわらず、先史時代後期の人々は、漁場へのアクセスのためにファウンテン周辺に集落を設営したとみられる。こうしたことが「低」を増加させる要因であろう。

　ただし、歴史時代、先史時代における集落遺跡の適地性「高」と「中」の頻度は、もっと大きかった可能性がある。なぜなら、1) TRIM データには、小さな沢や泉などが含まれていない。2) DEMs の解像度は 25m × 25m グリッド・セル（625m^2）のため、それ以下の平坦地は分析不可能である。3) 歴史時代、先史時代の集落遺跡はポイント・データを使用しているが、実際には集落遺跡の範囲はポイントではなく不定形のポリゴンである。集落遺跡をポイントとした場合、環境ゾーンへの出現頻度は低くなる。それに対し、集落遺跡をポリゴンとした場合、その面積は広くなり、環境ゾーンへの出現頻度も高くなる。このように、集落遺跡をポイント、あるいはポリゴンとして扱うかにより出現頻度に差が生じることとなる。そのため、遺跡をポイントとして扱う GIS 立地モデルは、環境ゾーンとの関係を適切に反映するとは限らないと指摘されることもある（Mink et al. 2006）。

　図 2-29 に適地分析の結果を図示した。図では、細分した適地性「中」A・B と「低」

第 2 章　定住的狩猟採集民の資源利用と集落研究

表 2-2　歴史時代、及び先史時代集落の適地性

適地性	沢への距離	傾斜	川への距離	歴史時代集落の頻度	先史時代集落の頻度
高	＜500m	0°－15°	＜1000m	7（16.6%）	11（17.7%）
中 A	＜500m	0°－15°	＞1000m	2（4.7%）	5（8.0%）
中 B	＞500m	0°－15°	＜1000m	17（40.4%）	26（41.9%）
低 A	＜500m	＞15°	＜1000m	6（14.2%）	4（6.4%）
低 B	＞500m	＞15°	＜1000m	10（23.8%）	12（19.3%）
低 C	＞500m	＞15°	＞1000m	0（0.0%）	4（6.4%）

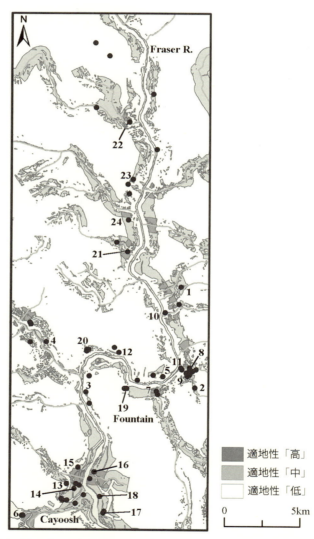

図 2-29　ミッドフレーザー地域における先史集落遺跡の適地性
表 2-2 で細分している適地性「中」A・B、「低」A～C は、それぞれ「中」、「低」として一つの範疇でまとめて図示している。遺跡 No. は表 2-4 に準拠する。

A～Cをそれぞれ「中」、「低」として一括している。既述の通り、ミッドフレーザー地域には、キートリー・クリーク遺跡、ベル遺跡、ブリッジ・リバー遺跡、ウェスト・ファウンテン遺跡、シートン遺跡、マッケイ・クリーク遺跡などの大規模な遺跡（＞竪穴住居跡30軒）が所在する。それに対し、その他の遺跡は小規模（＜竪穴住居跡30軒）である。ウェスト・ファウンテン遺跡とシートン遺跡が「低」の環境ゾーンに位置する以外は、大規模な遺跡は「中」の環境ゾーンに位置している。

環境的要因に基づく適地分析では、先史時代の集落遺跡がなぜそこに位置しているかを説明しやすい。しかしながら、ミッドフレーザー地域における集落遺跡は、河岸段丘などの平坦地に立地していることが一般的であるが、ベル遺跡、EeRk-16遺跡などは標高の高い山腹に位置している（図2-25・30）。これらの遺跡は、傾斜が急な山腹に位置するため漁場へのアクセスが容易でなく、集落へのサケの運搬にも多大な労力を要し、環境的要因だけでは遺跡立地の説明が困難である。次節では、社会的要因という観点から、集落遺跡の立地についてアプローチしていくこととする。

第8節　ミッドフレーザー地域における大規模な遺跡の防御性

はじめに

コンフリクトが社会の進化に及ぼす影響については、人類学、考古学の様々な観点から論究されてきた（Keeley 1996; Lambert 2002; LeBlanc 1999; Milner 1999）。社会的に複雑な狩猟採集民においても、環境・生態的要因に加えコンフリクトは集落遺跡の立地に影響を与える。コンフリクトがノースウェスト・コーストをはじめとする先史時代の社会的に複雑な狩猟採集民の集落遺跡の立地、規模、生業、社会・政治組織に多大な影響を与えてきたことについては既に先行研究がある（Maschner 1996b, 1997; Moss and Erlandson 1992）。防御性集落が南西ブリティッシュ・コロンビアのジョージア海峡周辺では少なくとも1,600BPには出現し、初期歴史時代にも様々な記録が残されていることは第1章第2節で既述した（Angelbeck 2009; Moss and Erlandson 1992）。プラトーに近接するローアー・フレーザー・キャニオンでも先史時代後期の防御性集落が防御施設、視認ネットワークなど、様々な観点から検討されている（Schaepe 2006）。コロンビア・プラトーでは、防御性集落が冬村の形成と重要な食糧資源をめぐる獲得競争のため、約2,000BP以降に出現している（Chatters 2004; Smith 1977）。ミッドフレーザー地域のグループにとっても集落をどこに設営するかは、防御性の観点から極めて重要であったろう（Alexander 2000; Hayden 2000a: 12; Stryd and Hills 1972: 207）。ミッドフレーザー地域では、コンフリクトに関する広範なエスノヒストリー、

第2章 定住的狩猟採集民の資源利用と集落研究

また先史時代後期における骨学的な証拠があることは、第4節で既述した通りである。しかしながら、先史集落遺跡の防御性についての考古学的研究となると、体系的に調査されていないのが現状である。本節では、GISを用い先史集落遺跡の防御性について検討する。

考古学では、集落が防御に適した立地であること、遺跡間の視認ネットワーク、防御施設に関する遺構（柵、溝、濠、見張り施設）、焼失した遺跡（burned sites）、人骨の外傷、死者の男女比、武器などの存在がコンフリクトの証拠として追究されてきた（Angelbeck 2009; Chatters 1989; Cybulski 2006; Haas and Creamer 1993; Jones 2006; Lambert 2002; LeBlanc 1999; Maschner and Reedy-Maschner 1998; Milner 1999; Moss and Erlandson 1992; Schaepe 2006）。ミッドフレーザー地域には今の所、防御施設に関する遺構、焼失した遺跡、死者の男女比に関する考古学的証拠はない。防御に適した立地や、遺跡間視認ネットワークと関連して、防御性集落が一般的に下記の特徴を有することは共通認識になっている。

1) 集落が丘の頂上や山などの高地、急峻で防御に適した地形に立地すること（Mitcham 2002; Moss and Erlandson 1992）。
2) 集落が交通路から離れていること、あるいはジグザグの通路、柵などの障害物により集落へのアクセスが容易でないこと（Chatters 2004; Dungan and Roos 2005; Haas and Creamer 1993）。
3) 集落内部が外部から見えにくいこと（Mitcham 2002）。
4) 広大な眺望、見張り施設の存在、及び交通路が監視できる立地であること（Mardy and Rakos 1996; Maschner 1996b; Mitcham 2002; Moss and Erlandson 1992）。
5) 近接する集落間で視認関係によるアラーム・システム（警報）ができること（Haas and Creamer 1993; Jones 2006; Kvamme 1993; LeBlanc 1999; Moss and Erlandson 1992; Schaepe 2006）。

これらを基準として集落の防御性について検討するには、GISに備わる傾斜分析、眺望（viewshed）分析、最小コスト・パス（least-cost path）分析を併用し、シミュレーションとして用いれば威力を発揮するであろう（Kvamme 1999）。関連する防御性集落についてのGISによる分析は、北米を含む世界各地で実施されている。例えば、丘砦（hillfort）は交通を監視しやすい立地に所在する傾向があることが指摘されている（Bell and Lock 2000; Jones 2006; Kvamme 1993; Lock and Harris 1996; Madry and Rakos 1996）。また、マシュナー（Maschner 1996b）は、トリンギットのミドル・フェイズ（Middle

Phase、ca. 3,800－1,800/1,500BP）とレート・フェイズ（Late Phase、ca. 1,800/1,500－200BP）における集落遺跡の眺望分析を行い、レート・フェイズにはミドル・フェイズと比べて眺望が 2.4 倍ほど広くなることに加え、集落が食糧資源へのアクセスから防御性を優先した立地にシフトしたことを指摘した。

　既述の通り、ミッドフレーザー地域には先史時代の大規模な集落遺跡があり、ベル遺跡、キートリー・クリーク遺跡は防御に適した立地であることが指摘されてきた（Hayden 2000a; Stryd and Hills 1972）。しかしながら、マーティンデールとスーパーナント（Martindale and Supernant 2009）の論考を除いて、防御性集落を一定の基準を用いて体系的に分析した試みは皆無に近い。そこで、本節では上述した 1）〜 5）の基準について、防御に適した地形、標高、集落遺跡からの眺望、集落遺跡間の視認性（どれだけ他の集落が見えるか）、交通路からの距離（シミュレーション）、及び外部からの集落遺跡の可視性という項目について調べ、ミッドフレーザー地域の先史集落遺跡の防御性について検討することとした。

（1）方法と分析過程

データセットと分析方法

　本研究では、これらの項目と防御性に関する基準について、GIS の傾斜、眺望、最小コスト・パス分析などを併用して検討する。デジタルデータには、第 2・7 節で既述の DEMs、基盤地図、土地利用図、遺跡データベースを用い、すべての分析は ArcGIS 9.1、Spatial Analyst、3D Analyst で実施した。なお、集落遺跡の標高は、3D Analyst を用いて DEMs から計算している（ESRI Support Center 2004）。

　眺望分析に必要なビューポイント（viewpoint）としては、遺跡データベースの経緯度を使用し、その高さは地上レベルを想定している。ただし、キートリー・クリーク遺跡については面積が広く、竪穴住居跡集中部、モレーン・テラス、南側テラスでは視界もかなり相違しているので、両テラスのビューポイントについては手動で設定している。

　眺望分析については、眺望の対象の大きさ、大気の透明度、植生の影響など様々な問題点が指摘される（Llobera 2003; Maschner 1996a; Ogburn 2006; Tschan et al. 2000; Wheatley 1996; Wheatley and Gillings 2000）。樹木の眺望分析に与える影響については、ミッドフレーザー地域は半乾燥地帯で、その植生は河岸段丘にはヤマヨモギ、草、小さなサボテン、丘陵と山にはマツ、ダグラスファーなどが疎らで大きな影響はないと判断される（Alexander 1992a）。花粉分析の結果も約 3,000BP 以降、半乾燥地帯の気候が現代まで持続していることを示す（Mathewes and Pellatt 2000）。ただし、マッケ

第2章　定住的狩猟採集民の資源利用と集落研究

イ・クリーク遺跡の周辺だけは樹木が茂り、その植生が眺望分析に影響を与える可能性が高いが、集落が設営される際には周辺の樹木は伐採され、見通しは良くなっていたであろう。なお、遺跡データベースには、マッケイ・クリーク遺跡として EfRl-3 と EfRl-13 の2地点が登録されているが（Morin et al. 2008）、本研究では EfRl-3 をビューポイントとして用いている。

ビューポイントから見える、見えないという二者択一的で、視認能力の限界性を考慮しないバイナリな眺望分析（binary viewshed analysis）に対する批判もある（Wheatley 1996; Wheatley and Gillings 2000）。その解決策として、ウィートリーらは（Wheatley 1996; Wheatley and Gillings 2000）、視認能力が距離とともに減少していくという確率的な眺望分析（probable and cumulative viewshed analysis）を提唱している。しかしながら、本研究では複数の遺跡で首尾一貫した比較を行うため、バイナリな眺望分析を実施している。

防御性に関する基準2)、4) を検討するためには、ミッドフレーザー地域における陸上交通路を復元しておく必要がある。陸上交通路については、最小コスト・パスを用いて復元し、それらをシミュレーションとして用いることで基準2)、4) を検討することとした。最小コスト・パス分析を行うためには、傾斜や土地利用に基づくコスト・サーフェイス（cost surface）を作成しておく必要がある。このコスト・ラスターにより任意のポイント間、すなわち始点と終点の最小コスト・パスが計算される（McCoy and Johnston 2001）。最小コスト・パスは、考古学では過去の社会、経済のネットワークを分析するためによく用いられる（Conolly and Lake 2006; Harris 2000; Howey 2007; van Leusen 2002）。同分析は、プラトー・ホライズン～カムループス・ホライズン（ca. 2,400–200BP）における古地理・地形が現代と同様であるという前提に基づいて実施している。ミッドフレーザー地域の急峻なキャニオンを特徴とする地形は、更新世後期に氷河により形成され、完新世におけるマイナーな河川の侵食、風化作用が加わったものである（Friele 2000; Ryder 1978）。そのため、プラトー・ホライズン～カムループス・ホライズンの古地理・地形は現代のものと大差がないと考えられる。

コスト・サーフェイスについては、以下のような3段階の手順を経て作成した。

ステップ1. 最小コスト・パスの始点・終点の選択

先史時代の主要陸上交通路であったと想定されるフレーザー・リバー、シートン・リバー、ブリッジ・リバー沿いに最小コスト・パスを作成するため、ミッドフレーザー地域の出入口に位置する下記の集落遺跡をそれぞれ始点と終点として選択した。パス1はシートン遺跡→ケリー・レイク遺跡、パス2はウィルキンソン（Wilkinson）遺

跡→EeRl-114遺跡、パス3はシートン遺跡→EeRl-98遺跡、パス4はEeRl-98遺跡→EfRl-56遺跡である。

ステップ2. コストに関する基準の選択

コスト・サーフェイスは単一の基準（single criterion）、あるいは複数の基準（multi-criteria）で作成する場合がある。先行研究では、最小コスト・パス分析のために傾斜だけが用いられることが一般的であった。しかしながら、コスト・サーフェイスには傾斜だけでなく、川、湖なども関与する（Howey 2007）。キャニオン地形のミッドフレーザー地域では、傾斜が最小コスト・パスを作成する上で最も重要であるが、フレーザー・リバーなどの河川も重要な要因となる。そのため、最小コスト・パスを作成するにあたり、複数の要因を考慮に入れるマルチクリテリア・コスト・サーフェイスを採用することとした。なお、本研究の最小コスト・パスは、カヌーを利用した水上交通は考慮していない。既述の通り、フレーザー・リバーはリルウェット・タウン近くでは流れが緩やかであるが、オールド・ブリッジあたりから川幅が狭くなるとともに岩場が増え急流になる。そのため、カヌーは、リルウェット・タウン近くの河岸の横断以外は危険と考えられる。実際に、19世紀初頭に内陸部から海岸部への毛皮交易ルートを探索していたサイモン・フレーザー一行は、先住民からフレーザー・リバーの水上交通は危険であると警告され、シートン・レイク、アンダーソン・レイク、ローアー・リルウェット経由で海岸部に行くことを勧められたが、この警告を無視したため、リルウェットでカヌーを先住民から購入したものの、ローアー・フレーザー・キャニオンまでフレーザー・リバー沿いのトレイルを徒歩で下ることになる（Lamb 1960: 26）。

ステップ3. マルチクリテリア・コスト・サーフェイスの作成

マルチクリテリア・コスト・サーフェイスの作成には、DEMsから作成した傾斜ラスターとBTMの土地利用に関するデジタル・データを使用した。傾斜ラスターとBTMは、両者の重要性に応じて比重をかけるため再分類している。傾斜の再分類にはトブラー（Tobler 1993）のハイキング関数（Hiking function）を用いている。表2-3aはBTMの土地利用に関する再分類値、表2-3bは傾斜に関する再分類値を示す。この再分類値では河川、湖を渡ることは、草地、森林内を歩行することよりも高いコストを想定しいる。既述の通り、ミッドフレーザー地域は約3,000BP以降、半乾燥地帯で、先史時代後期の森林もマツ、ダグラスファーなどの疎林であったと推定され、こうした疎林は陸上交通に差し支えないものと判断される。また、険しい傾斜地の交

第 2 章　定住的狩猟採集民の資源利用と集落研究

表 2-3a　BTM の土地利用に関する再分類値

BTM 土地利用の分類	BTM 土地利用の再分類	再分類値
Agriculture	Grasslands	4
Barren surfaces	Barren surfaces (Rock barrens, minor distribution)	5
Fresh water	Fresh water (rivers, creeks and lakes)	200
Old forest	Forests	6
Range lands	Grasslands	4
Recently burned	Forests	6
Recently logged	Forests	6
Recreation activities	Grasslands	4
Residential agriculture mixtures	Grasslands	4
Selectively logged	Forests	6
Urban	Grasslands	4
Young forest	Forests	6

表 2-3b　トブラー（Tobler 1993）のハイキング関数を用いた傾斜の再分類値

傾斜	再分類値
0° – 5°	1
5° – 10°	3
10° – 15°	10
15° – 20°	20
20° – 30°	50
30° – 50°	100
50° – 100°	200

通が草原のような平坦地の交通よりもはるかにコストがかかることは明らかである。ミッドフレーザー地域はキャニオンに位置しているため、険しい傾斜地を避けることが BTM 土地利用よりも 2 倍位重要であると想定している。再分類した傾斜と BTM 土地利用に関するデータセットは、それぞれ 66％、34％ とし、足してマルチクリテリア・コスト・ラスターとしている。始点と終点間における最小コストの方向を計算するコスト・ダイレクション・ラスターは、Spatial Analyst を用いて作成した。これらのコスト・ラスターとダイレクション・ラスターに基づき、最小コスト・パス（パス 1 ～ 4）を作成した（図 2-30・32・34・35）。

　パス 1 ～ 4 は、以下の理由で妥当と判断される。第一に、ミッドフレーザー地域は、キャニオン地形のため主要な陸上交通路はフレーザー・リバー、シートン・リバー、ブリッジ・リバー沿いに限られる。ミッドフレーザー地域は交易の中心であり（Teit 1906: 231-233）、パス 1・2・4 は先史時代においても多用されたと推察される。実際、ほとんどの先史集落遺跡はこれらのパス沿いに位置している。また、パス 3 はアッパー・リルウェット、シュスワップ、チルコーティンにとりブリッジ・リバー上流の狩猟、採集を行うためのトレイルとして極めて重要であったと考えられる（Teit

第8節　ミッドフレーザー地域における大規模な遺跡の防御性

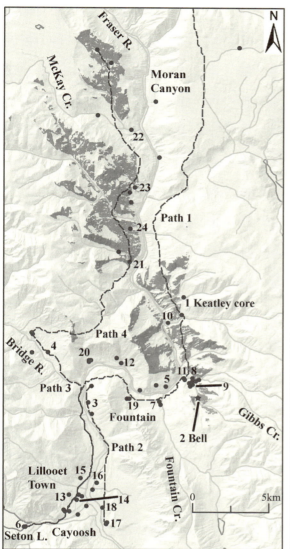

図2-30　ベル遺跡からの眺望分析（左図）と
　　　　　ギブス・クリーク周囲の遠景（写真）

図の★はビューポイントを示す。グレー：眺望できる範囲、薄グレー：眺望できない範囲。集落遺跡（●）は、時期的に並存していたとは限らない。遺跡No.は表2-4に準拠する。[2005年7月31日筆者撮影]

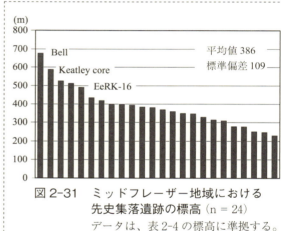

図2-31　ミッドフレーザー地域における
　　　　先史集落遺跡の標高（n = 24）
データは、表2-4の標高に準拠する。

1906: 256）。第二に、これらの最小コスト・パスは、エスノヒストリーに伝承されるトレイルと共通しているので、先史時代のトレイル・システムも同様なものであったと推測される（エスノヒストリーに伝承されるトレイルは、実際、フレーザー・リバー、ブリッジ・リバー沿いに所在する。Stl'atl'imc Lands and Resource Authorityのご厚意により、ウェブベースGIS（Web-Based GIS）によるミッドフレーザー地域のエスノヒストリーに基づくトレイル・システムを実見させていただいた）。こうして、基準2)、4)に関して先史集落遺跡と交通路の関係（距離）がシミュレーションできる。

第2章　定住的狩猟採集民の資源利用と集落研究

(2) GIS を用いた集落遺跡の防御性に関する評価

　以上の手続きにより、既述の防御性に関する項目と基準を検討することが可能になる（表2-4・5）。防御性に関する評価は、以下のような観点から行っている。1）防御に適した地形は、集落遺跡周辺の勾配を検討して判断した。2）上述の通り、防御性集落は交通路から離れている必要があるが、集落遺跡と近接したパスからの距離はArcViewの計測ツールを使い計測し、その距離が平均値（461m）を上下するかで評価することとした。3）集落遺跡内部の外部からの可視性については、近接するパスから実見して判断している。4）各集落遺跡の眺望は、平均値（27.2km^2）と比較し、それを上下するかにより評価することとした。5）遺跡間視認ネットワークについては、眺望分析により各集落遺跡のビューポイントからどれだけの集落遺跡が見えるかを検討し、その平均値（3.8）を上下するかで評価点を与えている。これらの項目に関

表2-4　ミッドフレーザー地域における先史集落遺跡の防御性

No.	遺跡名	住居軒数	時期	立地	標高(m)	眺望(km^2)	LSC[a]	パスからの距離(m)	外部からの可視性
1	Keatley Cr. core	120+	SH, PH, KH	スロープ	587	29.6	0	760	困難
2	Bell	31	SH, PH, KH	山腹	677	43.8	7	1600	困難
3	Mitchell	2	SH, PH	スロープ	348	12.6	0	110	容易
4	Bridge River	80	PH, KH	テラス	328	22.3	1	40	容易
5	West Fountain	36	PH, KH	スロープ	381	17.5	6	−[b]	−
6	Seton	36	PH, KH	テラス	278	34.4	2	−	困難[c]
7	Fountain	不明	PH	テラス	399	20.6	5	190	容易
8	Gibbs Cr.	5	PH	テラス	394	8.2	3	370	容易
9	EeRk-16	1?	PH	山腹	491	39.6	6	660	困難
10	Sallus Cr.	1	KH	スロープ	314	15.8	0	1140	困難
11	East	1	KH	スロープ	346	21.7	2	120	容易
12	Squatters	8	KH	テラス	359	25.2	4	−	−
13	EeRl-123	不明	不明	丘頂上	384	55.4	7	420	困難
14	EeRl-17	3	不明	テラス	279	51.0	8	180	困難
15	EeRl-125	不明	不明	テラス	309	51.3	10	320	困難
16	EeRl-2	3	不明	テラス	248	28.3	5	500	容易
17	EeRl-165	不明	不明	テラス	228	34.1	3	790	容易
18	EeRl-143	不明	不明	テラス	231	41.9	7	110	容易
19	EeRl-137	不明	不明	テラス	419	15.9	3	220	容易
20	EeRl-85	不明	不明	山腹	400	30.1	4	−	容易
21	EeRl-139	不明	不明	スロープ	369	16.3	1	70	容易
22	McKay (EfRl-3)	46	不明	スロープ	435	10.0	0	880	?
23	EfRl-17	不明	不明	テラス	526	21.1	1	300	容易
24	EfRl-1	3	不明	テラス	512	50.6	7	440	容易

住居軒数はモランら（Morin et al. 2008）、及びストライドとヒルズ（Stryd and Hills 1972）に基づく。No.13～No.24の時期は不明で、マッケイ遺跡を除き遺跡の規模も小さい。
SH：シュスワップ・ホライズン（3,500−2,400BP）、PH：プラトー・ホライズン（2,400−1,200BP）、KH：カムループス・ホライズン（1,200−200BP）
a：視認関係（line-of-sight communication）
b：−分析未実施
c：シートン遺跡の位置する丘陵下側、Path 1から実見した所見である。

第 8 節　ミッドフレーザー地域における大規模な遺跡の防御性

する評価を各 1 点とし、それらを合計することで防御性に関する総合評価とした（表 2-5）。総合点数が 4 以上の場合は防御性「高」、3 の場合は「中」、2 以下の場合は「低」という評価をしている。

（3）遺跡のサンプリング

図 2-22 は、先史集落遺跡の分布とサンプリングした遺跡（No.1-24）を示す。この図から、先史時代後期を通してファウンテンとリルウェット・タウン周辺に集落遺跡が集中していたことがうかがえる。ファウンテン周辺では調査も多く実施され、考古学的データも豊富なため、ファウンテン周辺の先史集落遺跡の分析から始めることとした。特に、11 遺跡については放射性炭素年代のデータもあり、集落遺跡の防御性に関する推移も検討することが可能と予想された。既述の通り、ファウンテン周辺には大規模な遺跡が集中し、しかもこれらの遺跡は、その継続性、奢侈品の存在、竪穴

表 2-5　ミッドフレーザー地域における先史集落遺跡の防御性に関する総合的評価
（○：あり　×：なし）

No.	遺跡名	防御に適した地形	パスからの距離（> 平均値 [a]）	外部からの可視性	眺望（> 平均値 [b]）	LSC [c]（> 平均値 [d]）	合計
1	Keatley Cr. core	×	○	○	○	×	3
2	Bell	○	○	○	○	○	5
3	Mitchell	○	×	×	×	×	1
4	Bridge River	×	×	×	×	×	0
5	West Fountain	○	-	-	×	○	2
6	Seton	○	-	○	○	×	3
7	Fountain	×	×	×	×	○	1
8	Gibbs Cr.	×	×	×	×	×	0
9	EeRk-16	○	○	○	○	○	5
10	Sallus Cr.	×	○	○	×	×	2
11	East	×	×	×	×	×	0
12	Squatters	×	-	×	×	○	1
13	EeRl-123	○	×	○	○	○	4
14	EeRl-17	○	×	○	○	○	4
15	EeRl-125	○	×	○	○	○	4
16	EeRl-2	×	○	×	○	○	3
17	EeRl-165	×	○	○	×	×	2
18	EeRl-143	×	×	×	○	○	2
19	EeRl-137	× ?	×	×	×	×	0
20	EeRl-85	×	-	○	○	○	3
21	EeRl-139	×	×	×	×	×	0
22	McKay (EfRl-3)	×	○	×	×	×	1
23	EfRl-17	×	×	×	×	×	0
24	EfRl-1	×	×	×	○	○	2

a：平均値 = 461m
b：平均値 = 27.2 km^2
c：視認関係（line-of-sight communication）
d：平均値 = 3.8

第2章　定住的狩猟採集民の資源利用と集落研究

住居跡の密度からミッドフレーザー地域における社会経済的な中核であることが予測された（Hayden and Schulting 1997）。また、ファウンテン周辺にはベル遺跡、キートリー・クリーク遺跡、ブリッジ・リバー遺跡などの防御に適した立地とされる遺跡が所在する（Hayden 2000a: 12; Stryd and Hills 1972: 207）。そのため、これらファウンテン周辺の大規模な遺跡から分析を始めることとした。

その後、フレーザー・リバー西岸、リルウェット・タウン周辺の集落遺跡へと分析範囲を拡げることとした。既述の通り、フレーザー・リバー西岸にはマッケイ・クリーク遺跡が所在するが、発掘調査がされていないため、この遺跡の詳細は不明であり、フレーザー・リバー西岸の集落遺跡については不明な点が多い。リルウェット・タウン周辺も宅地化が進んでいるため、集落遺跡が集中しているわりに考古学的には不明な点が多い。既述の通り、1808年にサイモン・フレーザーがリルウェット・タウンを訪れた時には、夏場のサケ漁のため約1000人の先住民（この中には一時的な訪問者、交易者なども恐らく含まれている）が目撃されている（Lamb 1960: 120）。リルウェット・タウンはツー・マイル・フィッシャリーにも近く、集落が設営可能な平坦地もあることから、ファウンテン周辺と並ぶミッドフレーザー地域における中核的な場所であったと推測される。そのため、フレーザー・リバー西岸とリルウェット・タウン周辺の12集落遺跡（No.13-24）をランダムにサンプリングし、分析を実施することとした（図2-22、表2-4・5）。当該地域において、今の所、先史時代後期を遡る竪穴住居跡は発見されていないので（Morin et al. 2008; Prentiss et al. 2005; Rousseau 2004）、これらの遺跡は、マッケイ・クリーク遺跡を除き小規模な遺跡で、詳細な年代は不明ながら先史時代後期に属すると考えられる。本研究では、ミッドフレーザー地域の62集落遺跡中、24遺跡（38.7％）を分析対象とする。次項では、ミッドフレーザー地域を4つの地域に分け、先史集落遺跡の防御性について検討する。

（4）ミッドフレーザー地域における集落遺跡の防御性

ベル遺跡とギブス・クリーク周辺の遺跡

ミッドフレーザー地域における先史集落遺跡の標高は、リルウェット・タウン周辺の約250mからファウンテン北側の600m台の所までである（図2-31）。ファウンテン周辺はキャニオン地形がミッドフレーザー地域でも顕著な所であり、多くの遺跡は、標高350～400mに所在する。こうした中、ベル遺跡は標高677mの山腹に位置する（図2-30・31）。そのため、この遺跡直下からキートリー・クリーク遺跡方面へのミッドフレーザー東岸、パス1への眺望は極めて良好である（図2-25・30）。眺望が広いため、フレーザー・リバー沿いの集落遺跡と視認ネットワークを取ることも

容易で、こうした広大な眺望は敵の上流側からの侵入を監視する上で極めて有効である。しかもベル遺跡はパス1から約1.6km離れ、外部者にはベル遺跡の内部を窺うこともアクセスすることも容易でない。その上、ベル遺跡は山腹の平坦面に位置し、ここに到達するためには急峻で狭いトレイルを登る必要があるため、ベル遺跡の居住者にとっては防御が容易である（Hayden 2000a）。EeRk-16遺跡の標高は、ベル遺跡よりも180m低いが、ベル遺跡と同様に眺望と防御性という観点から、優れた立地である（表2-4・5）。

　それに対し、ギブス・クリーク遺跡とイースト遺跡は標高も低く、パス1に近接しているため防御性は低いと判断される。EeRk-16遺跡（1,290BP）、ギブス・クリーク遺跡（1,515BP、920BP）とイースト遺跡（395BP）の放射性炭素年代は、EeRk-16遺跡とギブス・クリーク遺跡がベル遺跡の形成された時期と重なっていることを示す。これらの遺跡を除くと、その詳細な年代は不明なものの、ベル遺跡の周辺には小規模な集落遺跡が取り囲むようにギブス・クリーク沿いに点在している。防御性の高いベル遺跡を中心とした小規模な集落遺跡の分布は、それらが同時期に存在したとすれば、外敵への防御として極めて有効であろう。いざとなれば小規模な集落遺跡の男性が集まり襲撃に備えることができ（*sensu* Chatters 2004; LeBlanc 1999）、危急の時にはベル遺跡に逃げ込むこともできる。

キートリー・クリーク遺跡

　当遺跡の竪穴住居跡集中部は、モレーン・テラスの後背に位置している。このモレーン・テラスによりパス1から竪穴住居跡集中部は窺えないので、外敵からの偵察を阻止しやすい。竪穴住居跡集中部からの眺望はモレーン・テラスのものに比べ狭く、しかも他の集落遺跡との視認ネットワークは不可能である。それに対し、モレーン・テラスからの眺望（52.9km^2）は広く、南北方面への眺望も良好で、パス1の通行者を監視できる（図2-32）。合わせて、他の集落遺跡と視認ネットワークも可能である。こうした点を考慮すると、竪穴住居跡集中部は防御性の低いなだらかな傾斜地に位置し、しかも他の集落遺跡との視認ネットワークも不可能なので、その防御性を高めるためには柵や見張り施設を必要としたであろう。

　キートリー・クリーク遺跡南側テラス端からの眺望（53.1km^2）は、5km南側のギブス・クリーク方面への眺望が良い。しかも、南側テラスは傾斜の強い斜面に面しているので、防御するには良好な立地である。しかしながら、南側テラスには6軒の竪穴住居跡しか確認されていない。

第2章 定住的狩猟採集民の資源利用と集落研究

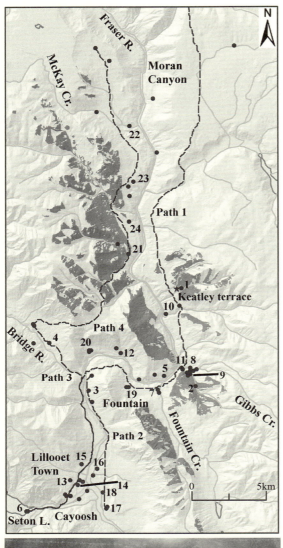

図2-32 キートリー・クリーク遺跡、
　　　　モレーン・テラスからの眺望分析
眺望分析に関する凡例などは図2-30に準拠
する。下段はキートリー・クリーク遺跡モ
レーン・テラスと竪穴住居跡集中部である。
［2007年9月1〜2日筆者撮影］

第8節　ミッドフレーザー地域における大規模な遺跡の防御性

ブリッジ・リバー遺跡

　既述の通り、当遺跡は 80 軒の竪穴住居跡が存在する集落遺跡で、漁場、狩場、及び採集地点へのアクセスという観点からすれば、大規模な集落遺跡の中でも最適地に位置している。ただし、ブリッジ・リバー上流の狩場、採集地点は不仲のチルコーティンやシュスワップとも共有されており、ブリッジ・リバー沿いは両グループの侵入経路であった (Teit 1906: 237、256)。ヘイデン (Hayden 2000a: 12) は、当遺跡での竪穴住居が集中し、人口が多いことが外敵からの攻撃抑止になったと指摘する。しかしながら、当遺跡の防御性は、以下の理由で低いと判断される。第一に、平坦なテラスに位置するため、防御に適した立地でない。第二に、上記のテイト (Teit 1906: 237) が記録する所のチルコーティンとシュスワップの侵入経路であるパス 3 に近接している。第三に、同遺跡からの眺望は、ブリッジ・リバー・バレー沿いに限られ狭く、視認ネットワークが可能なのは 1 集落遺跡だけである。こうした点を考慮すれば、当遺跡の居住者は外敵から守るための柵、見張り施設が必要である。既述した、*k'elelxen* という地名は、ブリッジ・リバー遺跡の約 2.5km 南の反対岸の急峻な崖に残っている（図 2-17）。この地点は、パス 3 への監視と防御性に優れ、自然的要塞の条件を備えており、柵がここに構築された理由も首肯できる。

ウェスト・ファウンテン、その他フレーザー・リバー西岸の遺跡

　ファウンテン周辺、フレーザー・リバー西岸の地形は急峻で、平坦地は少なく、飲水となる水源も少ない (Morin et al. 2008)。ウェスト・ファウンテン遺跡の標高は 381m で、竪穴住居跡のクラスターが 2 個所ある。当遺跡はフレーザー・リバー西岸のエスノヒストリーに残るトレイルに近接しているため、外部から偵察可能であるし、アクセスもできる（図 2-33）。また、当遺跡からはファウンテンやギブス・クリーク方面への視界が良好であるが、フレーザー・リバーの丁度曲折部に所在するため眺望は比較的狭い（17.5km^2）。当遺跡に近接するファウンテン遺跡、スクゥアタース (Squatters) 遺跡、EeRl-137 遺跡、EeRl-85 遺跡の防御性に関する総合点数は低い。また、マッケイ・クリーク遺跡、EeRl-139 遺跡、EfRl-17 遺跡、EfRl-1 遺跡の防御性も弱い。これらの遺跡は、マッケイ・クリーク遺跡を除きパス 4 に近接し、平坦地に位置するため、防御に適した立地ではない。

シートン遺跡とリルウェット・タウン近くに所在する遺跡

　シートン・レイクに面し、小丘に位置するシートン遺跡の立地は、ファウンテン周辺とは極めて異なる（図 2-34）。当遺跡はフレーザー・リバーからシートン・レイク、

第 2 章　定住的狩猟採集民の資源利用と集落研究

図 2-33　ウェスト・ファウンテン遺跡
1: 遺跡（→部分）遠景、2: 竪穴住居跡近景。中央に人が立っている所が、竪穴住居跡。その左側、人が歩いている小道がエスノヒストリック・トレイル。[1: 2005 年 9 月 2 〜 3 日筆者撮影、2: 2007 年 9 月 22 日 Jesse Morin 撮影（同氏提供）]

第8節　ミッドフレーザー地域における大規模な遺跡の防御性

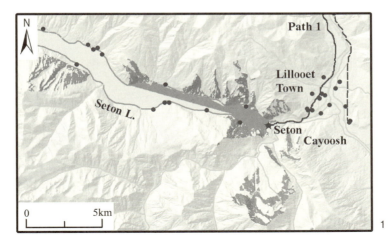

図 2-34　シートン遺跡からの眺望分析
1: 眺望分析。眺望分析に関する凡例などは図 2-30 に準拠する。2: シートン遺跡からの眺望。3: シートン遺跡の位置（→）。[2: 2007 年 9 月 1 日筆者撮影、3: 2005 年 9 月 2 日筆者撮影]

第 2 章　定住的狩猟採集民の資源利用と集落研究

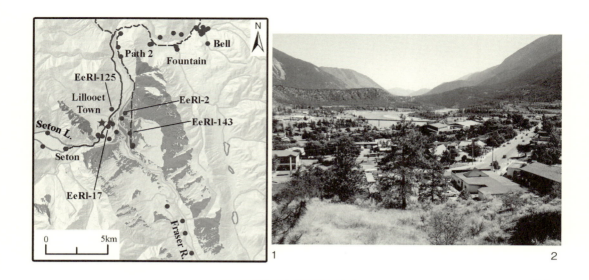

図 2-35　EeRl-123 遺跡からの眺望分析と遺跡遠景（リルウェット・タウン）

1 は、EeRl-123 遺跡からの眺望分析。眺望分析に関する凡例などは図 2-30 に準拠する。2 は、EeRl-123 遺跡からの眺望。3 は、フレーザー・リバー東岸から望む遺跡遠景である。[2: 2006 年 7 月 20 日筆者撮影、3: 2008 年 3 月 2 日筆者撮影]

さらにアンダーソン・レイクを経てノースウェスト・コーストに至る交通の要衝に位置する。遺跡の標高は278mと低いが、眺望はシートン・レイク沿いに広く湖岸沿いの集落遺跡との視認ネットワークも可能で、居住者はシートン・レイクとシートン・リバー沿いの交通を監視できるという利点もある。

ノースウェスト・カンパニーの毛皮供給ルートと交易拠点を探索していたサイモン・フレーザーは、現在のリルウェット・タウンが位置するフレーザー・リバー西岸は防御に最適の立地と述べている（Lamb 1960: 1、81）。フレーザー・リバーにより発達した河岸段丘崖が自然の要塞となりうることを考慮してのことであろう（図2-35）。実際、EeRl-123遺跡、EeRl-17遺跡とEeRl-125遺跡のような防御性の高い遺跡はリルウェット・タウンに集中し（表2-5）、立地に関して以下のような共通点がある。1）自然の要害となる山腹、あるいは崖を形成するテラスに位置し、防御が容易である。2）また、こうした立地はミッドフレーザー・バレーにおける交通の監視に適している。

それに対し、EeRl-2遺跡、EeRl-143遺跡などのリルウェット・タウンの反対岸、すなわちフレーザー・リバー東岸に所在する遺跡の防御性に関する総合点数は低い。1808年にサイモン・フレーザー（Lamb 1960: 82）が目撃している柵で囲われた集落は、これらの遺跡に近接している。同集落は、平坦な地形に位置し、防御には適していなかったとみられる。そのため、要塞化する必要があったのであろう。

（5）考　察

既述の通り、キートリー・クリーク遺跡、ブリッジ・リバー遺跡、ベル遺跡などの大規模な遺跡は防御に適した地形に立地していることが指摘されてきた（Hayden 2000a: 12; Stryd and Hills 1972: 207）。本研究の分析結果は、ベル遺跡の防御性は極めて高いという所見を支持し、キートリー・クリーク遺跡とブリッジ・リバー遺跡については異なる見解が得られた。これらの遺跡は、プラトー・ホライズン〜カムループス・ホライズン（ca. 1,600-1,200BPあるいはそれ以前）にかけて並行する時期に形成されている。それにもかかわらず、何故、防御性という観点からは異なる様相を示すかが問題となろう。ミッドフレーザー地域の集落遺跡の立地については変異が看取されるが、防御性の高い遺跡がギブス・クリーク周辺とリルウェット・タウン周辺に分布していることが明らかになってきた。これらの地域は、標高に差異はあれども（ギブス・クリーク周辺が標高400〜600m、リルウェット・タウンが標高250〜400m）、防御と監視に適した急峻な地形に特徴があり、こうした地形が防御性集落を設営する上で重要であったとみられる。このような条件を備えていれば、フレーザー・リバーの東岸、西岸ということはあまり関係ないのであろう。また、防御性に関する評価は大規模な

第2章　定住的狩猟採集民の資源利用と集落研究

遺跡、小規模な遺跡、両者ともに変異を示す。

本節では24集落遺跡の防御性について検討し、その内5遺跡（20.8％）が防御性に関する高い点数（≧4）を有することが明らかになった。竪穴住居跡の数が往時の人口を反映するとすれば、24遺跡（竪穴住居跡合計 N = 376）の内6の大規模な遺跡で人口のほとんど（92.8％）を占めていたことになる。この内、ベル遺跡、シートン遺跡、キートリー・クリーク遺跡の3遺跡は防御性に関する「高」、あるいは「中」という評価を示す。これら3遺跡で人口の49.7％を占めることを考慮に入れれば、防御に適した立地が集落設営の際に選択されていたことを示唆している。

既述の通り、ミッドフレーザー地域の大規模な遺跡の設営時期、継続性については論争がある。しかしながら、キートリー・クリーク遺跡、ベル遺跡、ブリッジ・リバー遺跡は約1,600－1,200BPの間、並存していたようである（Hayden 2000a; Prentiss et al. 2008）。こうした集住的な集落の形成は、人口の増加を示唆しており、そうした人口増を支えるためにはサケを含むその他の食糧資源（根茎類とシカ類などの有蹄類）のさらなる開発が必要であったであろう（Rousseau 2004）。古人骨の炭素同位体分析では海洋水産資源が2,400BP以前にも一定の比率を占めているが、2,400BP以降50％以上に増加している。カムループス・ホライズンでは海洋水産資源の比率は60％以上になる（Chisholm 1986; Lovell et al. 1986）。2,400－1,500BPには、アッパー・ハット・クリーク・バレーなどで根茎処理のための炉穴の増加に示唆されるように（Lepofsky and Peacock 2004; Morin et al. 2008; Pokotylo and Froese 1983）、根茎類の利用が顕著となる。こうした食糧資源の開発は剰余を生み出すとともに、個人・集団の富の形成を促進したとみられる。さらに2,000BP以降の墓に伴う威信・奢侈品（prestige and wealth objects）から示唆されるように（Schulting 1995）、剰余生産はミッドフレーザー地域が交易の中心地となることを可能にしたとみられる。サケをはじめとする食糧資源に加え、交易による富の蓄積は資源獲得競争を促進し、コンフリクトを誘発したとも考えられる。骨学的な証拠もこうした考えを支持する。既述の通り、カナディアン／コロンビア・プラトーにおける致死損傷と回復性損傷（healed fractures）の比率は前者が60.3％、後者が39.7％で、前者の比率が高い（図1-5）。弓矢の導入は遠距離からの攻撃を可能にし、戦いの性格を変えるとともに、要塞的な集落の出現に示唆されるように、北米における集落遺跡の立地を変更させたという（Blitz 1988; Chatters 2004; LeBlanc 1999）。こうした事態はミッドフレーザー地域においても十分考慮されるべきであろう。サケの生産に特化し、交易の中心地となったミッドフレーザー地域の集落は略奪の標的となったのであろう。そのため、当地の人々が防御に適した立地を選択していたことも首肯できる。

第 8 節　ミッドフレーザー地域における大規模な遺跡の防御性

（6）結　語

　本節は、GIS の眺望、最小コスト・パス分析などを組み合わせ、シミュレーションとして用いることでミッドフレーザー地域における先史集落遺跡の防御性について検討した。その結果、当地域における防御性の高い先史集落遺跡は、ギブス・クリークとリルウェット・タウン周辺に集中していることが示唆された。分析の結果は、これらの立地が交通の監視と防御に適していることを示す。両地域は、交易、及び交通の要衝として先史時代後期に頻繁に居住された所であり、略奪の標的となったのであろう。ミッドフレーザー地域の 62 先史集落遺跡の内 24 遺跡を分析し、そのうち 37.5％が防御性に関する「高」、あるいは「中」という評価を示した。こうした結果は、コンフクリクトの存在、及びその脅威が集落の立地に影響を与えるに十分であったことを示すものであろう。ミッドフレーザー地域には、分析した 24 遺跡の中に 6 の大規模な集落遺跡が所在する。竪穴住居跡の数が往時の人口を反映するとすれば、このうち既述した 3 遺跡のみで同地域における人口の約半分を占めており、それらの防御性に関する「高」、あるいは「中」という評価は、先史集落の設営の際に防御に適した立地が選択されていたことを示す。初期の民族誌家（Dawson 1892; Teit 1906）は、戦いが先史時代後半期に遡ることを示唆していたが、本研究はそうした所見を支持するものである。

　本研究による分析は、集落遺跡における防御性の重要性を示すこととなった。コンフクリクトは、時空を越えて多くの社会に共通するものであり（Keeley 1996; Lambert 2002; LeBlanc 1999; Milner 1999）、本研究のアプローチは、その他の地域、時期にも応用可能で、コンフクリクトの役割と集落における防御性について重要な視点を提供するものとなろう。

第 2 章注

1) テイト（Teit 1906）がフレーザー・リバー・バンドとしたグループは、現在、Bridge River Indian Band、Pavilion Indian Band、Fountain Indian Band、Cayoose Creek Indian Band、Tit'q'et Indian Band から構成される。
2) テイト（Teit 1906）が記録した先住民の集落とケネディとブシャール（Kennedy and Bouchard 1998a: 図 1）が記録したものは、先住民語の英語表記が異なるだけで同一のものとみられる。
3) データベースは、ブリティッシュ・コロンビア政府考古部門に申請し、入手可能である。
4) 先住民居留地の位置は、The Centre for Topographic Information, Natural Resources Canada（2009a、b、c、d、e、f、g）50000 分の 1 地形図を参照している。

第 2 章　定住的狩猟採集民の資源利用と集落研究

5) ただし、No. 55 は、レイク・バンドの集落とされているが（Teit 1906: 198）、この集落はテイトの地図（Teit 1906: 図 61）、及びケネディとブシャールの地図（Kennedy and Bouchard 1998a: 図 1）ではフレーザー・リバー・バンドのテリトリーに位置している。本書では、テイト（Teit 1906: 198）のテキストに依拠しているが、この齟齬については、今後、再検討が必要である。
6) ノースウェスト・カンパニー（Northwest Company）の毛皮交易ルートや交易拠点を開拓するために、19 世紀初頭にロッキー山脈を越え、フレーザー・リバー上流から下流をカヌーなどで縦断、探索している。フレーザー・リバーは、その功績を称えて命名されたものである。
7) Gunther（1972: 図 26）の挿図にみられるように、居住施設の周りを柵で囲い外敵から防御していたと推定される。
8) 既述の通り、テイト（Teit 1906）の記録した集落 *Kwe'xalaten*（表 2-1 参照）が *qelatkuem/qelaxen*（現 Q'aLaTKu7eM Indian Reserve が該当）に相当するか？
9) このシステムは、考古学者チャールズ・ボーデン（Charles E. Borden）により発案されたものである。

付表　ミッドフレーザー地域における竪穴住居跡採取試料の放射性炭素年代（1）

No.	遺跡	HP No.	^{14}C（BP）	誤差（±）	試料	測定番号	出土位置	文献
1	Keatley Creek	7	2620	50	charcoal	SFU －	St.XIII（rim base）	Hayden 2000b
2	Keatley Creek	105	2170	60	charcoal	SFU 642	Pit	Hayden 2000b
3	Keatley Creek	7	2160	60	bone	CAMS 35105	Dog bone in storage pit	Hayden 2000b
4	Keatley Creek	5	2160	70	charcoal	SFU －	St.X	Hayden 2000b
5	Keatley Creek	7	2156	35	bone	JAL 4571	Dog bone in pit	Hayden 2005
6	Keatley Creek	7	2140	110	charcoal	Beta 25181	St.XIII（rim base）	Hayden 2000b
7	Keatley Creek	7	2080	50	charcoal	SFU －	St.XIIIe（rim）	Hayden 2000b
8	Keatley Creek	7	2016	30	bone	JAL 4568	Dog bone in pit	Hayden 2005
9	Keatley Creek	1	1970	60	charcoal	SFU 633	floor	Hayden 2000b
10	Keatley Creek	SHP3	1745	50	charcoal	A-11795	floor	Prentiss et al. 2003
11	Keatley Creek	SHP3	1710	71	charcoal	T-15206A	hearth on floor	Prentiss et al. 2003
12	Keatley Creek	7	1695	45	charcoal	A-12475	hearth in rim base	Prentiss et al. 2003
13	Keatley Creek	SHP3	1636	67	charcoal	T-15203A	hearth on floor	Prentiss et al. 2003
14	Keatley Creek	7	1590	45	charcoal	A-11793	hearth on upper floor	Prentiss et al. 2003
15	Keatley Creek	7	1590	70	charcoal	SFU －	St.XIII（rim）	Hayden 2000b
16	Keatley Creek	SHP3	1580	60	charcoal	Beta-139440	hearth	Prentiss et al. 2003
17	Keatley Creek	SHP3	1580	80	charcoal	A-11794	hearth	Prentiss et al. 2003
18	Keatley Creek	12	1550	60	charcoal	SFU 721	St.III（floor）	Hayden 2000b
19	Keatley Creek	SHP3	1545	40	wood	A-11792	posthole	Prentiss et al. 2003
20	Keatley Creek	7	1489	41	wood	T-15204A	posthole	Prentiss et al. 2003
21	Keatley Creek	90	1410	60	charcoal	SFU 723	floor	Hayden 2000b
22	Keatley Creek	SHP1	1361	41	charcoal	T-15207A	floor	Prentiss et al. 2003
23	Keatley Creek	SHP1	1360	44	charcoal	T-15202A	floor	Prentiss et al. 2003
24	Keatley Creek	SHP1	1332	41	charcoal	T-15208A	floor	Prentiss et al. 2003
25	Keatley Creek	3	1330	60	charcoal	SFU 722	floor	Hayden 2000b
26	Keatley Creek	SHP4	1305	50	charcoal	A-11796	hearth on floor	Prentiss et al. 2003
27	Keatley Creek	SHP4	1270	60	charcoal	Beta-139441	hearth on floor	Prentiss et al. 2003
28	Keatley Creek	7	1236	71	charcoal	T-15205A	hearth in rim	Prentiss et al. 2003
29	Keatley Creek	3	1080	70	charcoal	SFU 1001	St.III（floor）	Hayden 2000b
30	Keatley Creek	7	1080	70	charcoal	SFU 1002	floor	Hayden 2000b
31	Keatley Creek	7	1000	85	wood	SFU 796	floor	Hayden 2000b
32	Keatley Creek	7	980	60	charcoal	SFU －	St.XIIIf（rim）	Hayden 2000b
33	Keatley Creek	7	900	65	charcoal	SFU 720	floor	Hayden 2000b
34	Keatley Creek	7	740	70	charcoal	SFU 724	under last floor	Hayden 2000b
35	Keatley Creek	7	398	38	charcoal	AA-51439	hearth	Prentiss et al. 2003
36	Keatley Creek	105	270	55	wood	SFU 641	floor	Hayden 2000b
37	Keatley Creek	104	250	60	charcoal	CAMS 32253	floor	Hayden 2000b
38	Keatley Creek	106	220	70	wood	Beta 106611	floor	Hayden 2000b
39	Keatley Creek	109	220	50	charcoal	Beta 125907	floor	Hayden 2000b
40	Bell	1	2965	95	charcoal	S-764	posthole	Stryd 1980
41	Bell	19	2730	90	charcoal	I-6633	20cm bs	Stryd 1980
42	Bell	22	1930	70	charcoal	S-659	basal deposit	Stryd 1980
43	Bell	6	1590	90	charcoal	I-6077a	floor	Stryd 1980
44	Bell	14	1575	145	charcoal	S-938	45cm bs	Stryd 1980
45	Bell	23	1560	90	charcoal	S-661	45cm bs	Stryd 1980
46	Bell	19	1515	90	charcoal	I-6076	floor	Stryd 1980
47	Bell	1	1495	80	charcoal	I-9848	posthole	Stryd 1980
48	Bell	21	1470	40	charcoal	S-765	basal deposit	Stryd 1980
49	Bell	19	1430	60	charcoal	S-763	20cm bs	Stryd 1980
50	Bell	6	1420	200	charcoal	I-6077	floor	Stryd 1980
51	Bell	13	1380	65	charcoal	S-709	28cm bs	Stryd 1980
52	Bell	5	1380	65	charcoal	S-937	feature1-timber	Stryd 1980
53	Bell	8	1365	80	charcoal	I-9563	under floor	Stryd 1980

付　表

付表　ミッドフレーザー地域における竪穴住居跡採取試料の放射性炭素年代（2）

No.	遺跡	HP No.	^{14}C (BP)	誤差（±）	試料	測定番号	出土位置	文献
54	Bell	7	1325	80	charcoal	I-9562	basal deposit	Stryd 1980
55	Bell	2	1305	80	charcoal	S-662	15cm bs	Stryd 1980
56	Bell	2	1295	80	charcoal	I-9723	timber in roof fill	Stryd 1980
57	Bell	19	1250	200	charcoal	I-6076c	floor	Stryd 1980
58	Bell	22	1215	90	charcoal	S-660	floor	Stryd 1980
59	Bell	8	1150	80	charcoal	I-9027	floor	Stryd 1980
60	Bell	13	1100	80	charcoal	I-9564	40cm bs	Stryd 1980
61	Bell	1	1080	80	charcoal	I-9561	feature25-timber	Stryd 1980
62	Bell	4	1010	80	charcoal	I-9026	54cm bs	Stryd 1980
63	Bell	15	935	80	charcoal	I-9569	20cm bs	Stryd 1980
64	Gibbs Creek	3	1515	80	charcoal	I-9029	basal deposit	Stryd 1980
65	Gibbs Creek	1	920	90	charcoal	GaK-3284	basal floor	Stryd 1980
66	Lower Bell (EeRk-16)	1	1290	85	charcoal	I-8060	basal deposit	Stryd 1980
67	East	1	395	80	charcoal	I-9025	basal deposit	Stryd 1980
68	Bridge River	30	2470	37	charcoal	AA-61282	floor	Prentiss et al. 2008
69	Bridge River	25	1864	36	charcoal	AA-61289	floor	Prentiss et al. 2008
70	Bridge River	52	1779	36	charcoal	AA-61296	floor	Prentiss et al. 2008
71	Bridge River	38	1770	38	charcoal	AA-61324	floor	Prentiss et al. 2008
72	Bridge River	51	1760	85	charcoal	I-8053	floor	Stryd 1980
73	Bridge River	58	1753	37	charcoal	AA-61304	floor	Prentiss et al. 2008
74	Bridge River	26	1721	44	charcoal	AA-61280	floor	Prentiss et al. 2008
75	Bridge River	27	1696	37	charcoal	AA-56851	floor	Prentiss et al. 2008
76	Bridge River	64	1680	85	charcoal	I-8054	floor	Stryd 1980
77	Bridge River	11	1646	38	charcoal	AA-61274	floor	Prentiss et al. 2008
78	Bridge River	23	1638	42	charcoal	AA-61277	floor	Prentiss et al. 2008
79	Bridge River	71	1631	36	charcoal	AA-61311	floor	Prentiss et al. 2008
80	Bridge River	11	1619	36	charcoal	AA-61273	floor	Prentiss et al. 2008
81	Bridge River	3	1614	39	charcoal	AA-61268	floor	Prentiss et al. 2008
82	Bridge River	23	1580	36	charcoal	AA-61315	floor	Prentiss et al. 2008
83	Bridge River	32	1576	36	charcoal	AA-61284	floor	Prentiss et al. 2008
84	Bridge River	56	1569	37	charcoal	AA-61302	floor	Prentiss et al. 2008
85	Bridge River	6	1561	37	charcoal	AA-61271	floor	Prentiss et al. 2008
86	Bridge River	64	1550	36	charcoal	AA-61308	floor	Prentiss et al. 2008
87	Bridge River	15	1539	30	charcoal	AA-56856	floor	Prentiss et al. 2008
88	Bridge River	35	1535	36	charcoal	AA-61287	floor	Prentiss et al. 2008
89	Bridge River	78	1527	36	charcoal	AA-61312	floor	Prentiss et al. 2008
90	Bridge River	49	1496	36	charcoal	AA-61292	floor	Prentiss et al. 2008
91	Bridge River	36	1495	80	charcoal	I-9006	40cm bs	Stryd 1980
92	Bridge River	55	1488	36	charcoal	AA-61293	floor	Prentiss et al. 2008
93	Bridge River	28	1471	44	charcoal	AA-61318	floor	Prentiss et al. 2008
94	Bridge River	15	1466	31	charcoal	AA-56855	floor	Prentiss et al. 2008
95	Bridge River	64	1450	80	charcoal	I-9008	floor	Stryd 1980
96	Bridge River	26	1445	36	charcoal	AA-61279	floor	Prentiss et al. 2008
97	Bridge River	48	1445	36	charcoal	AA-61291	floor	Prentiss et al. 2008
98	Bridge River	54	1438	36	charcoal	AA-61300	floor	Prentiss et al. 2008
99	Bridge River	23	1414	36	charcoal	AA-61316	floor	Prentiss et al. 2008
100	Bridge River	45	1380	85	charcoal	I-8052	floor	Stryd 1980
101	Bridge River	28	1375	43	unknown	13612	floor	Prentiss et al. 2008
102	Bridge River	55	1368	35	charcoal	AA-61301	floor	Prentiss et al. 2008
103	Bridge River	31	1357	36	charcoal	AA-61283	floor	Prentiss et al. 2008
104	Bridge River	66	1329	31	charcoal	AA-56848	floor	Prentiss et al. 2008
105	Bridge River	39	1328	36	charcoal	AA-61288	roof beam	Prentiss et al. 2008

付表　ミッドフレーザー地域における竪穴住居跡採取試料の放射性炭素年代（3）

No.	遺跡	HP No.	¹⁴C（BP）	誤差（±）	試料	測定番号	出土位置	文献
106	Bridge River	59	1320	42	charcoal	AA-61305	floor	Prentiss et al. 2008
107	Bridge River	54	1312	35	charcoal	AA-61298	floor	Prentiss et al. 2008
108	Bridge River	16	1305	36	charcoal	AA-61276	floor	Prentiss et al. 2008
109	Bridge River	65	1300	80	charcoal	I-9571	floor	Stryd 1980
110	Bridge River	24	1296	36	charcoal	AA-61278	floor	Prentiss et al. 2008
111	Bridge River	20	1284	36	charcoal	AA-61310	floor	Prentiss et al. 2008
112	Bridge River	70	1284	36	charcoal	AA-61319	floor	Prentiss et al. 2008
113	Bridge River	65	1278	36	charcoal	AA-61309	floor	Prentiss et al. 2008
114	Bridge River	61	1276	36	charcoal	AA-61317	floor	Prentiss et al. 2008
115	Bridge River	4	1275	36	charcoal	AA-61269	floor	Prentiss et al. 2008
116	Bridge River	61	1271	36	charcoal	AA-61306	floor	Prentiss et al. 2008
117	Bridge River	3	1269	39	charcoal	AA-61313	floor	Prentiss et al. 2008
118	Bridge River	62	1264	43	charcoal	AA-61307	floor, cache pit	Prentiss et al. 2008
119	Bridge River	33	1260	36	charcoal	AA-61285	floor	Prentiss et al. 2008
120	Bridge River	65	1260	80	charcoal	I-8055	floor	Prentiss et al. 2008
121	Bridge River	29	1259	35	charcoal	AA-61281	floor	Prentiss et al. 2008
122	Bridge River	54	1258	35	charcoal	AA-61299	floor	Prentiss et al. 2008
123	Bridge River	4	1253	44	charcoal	AA-61270	floor	Prentiss et al. 2008
124	Bridge River	77	1245	55	beam	13614	floor	Prentiss et al. 2008
125	Bridge River	18	1239	30	charcoal	AA-56853	floor	Prentiss et al. 2008
126	Bridge River	12	1236	36	charcoal	AA-61275	floor	Prentiss et al. 2008
127	Bridge River	1	1232	38	charcoal	AA-61321	floor	Prentiss et al. 2008
128	Bridge River	17	1223	30	charcoal	AA-56854	floor	Prentiss et al. 2008
129	Bridge River	58	1222	36	charcoal	AA-61314	floor	Prentiss et al. 2008
130	Bridge River	54	1219	35	charcoal	AA-61297	floor	Prentiss et al. 2008
131	Bridge River	51	1216	36	charcoal	AA-61295	floor	Prentiss et al. 2008
132	Bridge River	19	1213	38	charcoal	AA-61322	floor	Prentiss et al. 2008
133	Bridge River	1	1202	32	charcoal	AA-56850	floor	Prentiss et al. 2008
134	Bridge River	37	1173	48	charcoal	AA-61290	floor	Prentiss et al. 2008
135	Bridge River	51	1150	80	charcoal	I-9007	floor	Stryd 1980
136	Bridge River	31	1139	38	charcoal	AA-61325	floor	Prentiss et al. 2008
137	Bridge River	3	638	36	charcoal	AA-61267	floor	Prentiss et al. 2008
138	Bridge River	18	433	37	charcoal	AA-61323	floor	Prentiss et al. 2008
139	Bridge River	5	406	31	charcoal	AA-56849	floor	Prentiss et al. 2008
140	Bridge River	34	390	35	charcoal	AA-61286	floor	Prentiss et al. 2008
141	Bridge River	50	362	35	charcoal	AA-61294	floor	Prentiss et al. 2008
142	Bridge River	8	361	29	charcoal	AA-56857	floor	Prentiss et al. 2008
143	Bridge River	20	328	31	charcoal	AA-56847	floor	Prentiss et al. 2008
144	Bridge River	60	310	31	charcoal	AA-56846	floor	Prentiss et al. 2008
145	Bridge River	22	205	29	charcoal	AA-56852	floor	Prentiss et al. 2008
146	Bridge River	10	181	38	charcoal	AA-61272	floor	Prentiss et al. 2008
147	Bridge River	57	167	34	charcoal	AA-61303	floor	Prentiss et al. 2008
148	Mitchell	1	2775	75	charcoal	S-582	floor	Stryd 1980
149	Mitchell	1	2550	80	charcoal	S-581	floor	Stryd 1980
150	Mitchell	1	2185	85	charcoal	S-580	floor	Stryd 1980
151	Sallus Creek	1	810	75	charcoal	I-10755	basal deposit	Stryd 1980
152	Seton Lake	19	2360	90	charcoal	I-8059	basal deposit	Stryd 1980
153	Seton Lake	5	2100	80	charcoal	I-9009	floor	Stryd 1980
154	Seton Lake	13	1220	85	charcoal	I-8058	floor	Stryd 1980
155	Seton Lake	16	855	80	charcoal	I-9010	floor	Stryd 1980
156	Squatters	2	980	80	charcoal	I-9572	basal deposit	Stryd 1980
157	Squatters	10	520	80	charcoal	I-9024	floor	Stryd 1980
158	West Fountain	7	1260	85	charcoal	I-8056	55 cm bs	Stryd 1980
159	West Fountain	9	1075	85	charcoal	I-8057	basal deposit	Stryd 1980

引用文献

Adams, J., 1973. The Gitksan Potlatch: Population Flux, Resource Ownership and Reciprocity. Holt, Rinehart and Winston of Canada. Toronto.

Alexander, D., 1992a. Environmental units. In: Hayden, B. (Ed.), A Complex Culture of the British Columbia Plateau: Traditional *Stl'atl'imx* Resource Use. UBC Press, Vancouver, pp. 47-98.

Alexander, D., 1992b. A reconstruction of prehistoric land use in the Mid-Fraser River area based on ethnographic data. In: Hayden, B. (Ed.), A Complex Culture of the British Columbia Plateau: Traditional *Stl'atl'imx* Resource Use. UBC Press, Vancouver, pp. 99-176.

Alexander, D., 2000. Pithouses on the Interior Plateau of the British Columbia: ethnographic evidence and interpretation of the Keatley Creek. In: Hayden, B. (Ed.), The Ancient Past of Keatley Creek, Vol. 2: Socioeconomy. Archaeology Press, Simon Fraser University, Burnaby, pp. 29-66.

Ames, K. M., 2002. Going by boat: the forager-collector continuum at sea. In: Fitzhugh, B., Habu, J. (Eds.), Beyond Foraging and Collecting: Evolutionary Change in Hunter-Gatherer Settlement Systems. Kluwer/Plenum Press, New York, pp. 17-50.

Ames, K. M., Maschner, H. D. G., 1999. Peoples of the Northwest Coast: Their Archaeology and Prehistory. Thames and Hudson, London.

Angelbeck, B., 2009. "They Recognize No Superior Chief": Power, Practice, Anarchism, and Warfare in the Coast Salish Past. PhD. Dissertation, Department of Anthropology, University of British Columbia, Vancouver.

Arnold, J. E., 1996. The archaeology of complex hunter-gatherers. Journal of Archaeological Method and Theory 3, 77-126.

Baker, J., 1970. Archaeology of the Lytton-Lillooet area. BC Studies 6/7, 46-53.

Barnett, H. G., 1955. The Coast Salish of British Columbia. University of Oregon, Eugene.

Bell, T., Lock, G. R., 2000. Topographic and cultural influences on walking the Ridgeway in later prehistoric times. In: Lock, G. R. (Ed.), Beyond the Map: Archaeology and Spatial Technologies. IOS Press, Amsterdam, pp. 85-100.

Binford, L. R., 1980. Willow smoke and dogs tails: hunter-gatherer settlement systems and archaeological site formation. American Antiquity 45, 4-20.

Binford, L. R., 1990. Mobility, housing and environment: a comparative study. Journal of Anthropological Research 46, 119-152.

Blackman, M., 1990. Haida: traditional culture. In: Suttles, W. (Ed.), Handbook of North American Indians, Vol. 7: Northwest Coast. Smithsonian Institution, Washington, D.C., pp. 240-260.

Blitz, J. H., 1988. Adoption of the bow in prehistoric North America. North American Archaeologist 9, 123-145.

Boas, F., 1966. Kwakiutl Ethnography. The University of Chicago Press, Chicago.

Brunton, B. B., 1998. Kootenai. In: Walker Jr., D. E. (Ed.), Handbook of North American

引用文献

Indians, Vol. 12: Plateau. Smithsonian Institution, Washington, D.C., pp. 223-237.

Cannon, A., 1992. Conflict and salmon on the Interior Plateau of British Columbia. In: Hayden, B. (Ed.), A Complex Culture of the British Columbia Plateau: Traditional *Stl'atl'imx* Resource Use. UBC Press, Vancouver, pp. 506-524.

Carlson, R. L., 1994. Trade and exchange in prehistoric British Columbia. In: Baugh, T. G., Ericson, J. E. (Eds.), Prehistoric Exchange Systems in North America. Plenum, New York, pp. 307-361.

Carnerio, R. L., 1981. The chiefdom: precursor of the state. In: Jones, G. D., Kautz R. R.(Eds.), The Transition to Statehood in the New World. Cambridge University Press, Cambridge, pp. 37-79.

The Centre for Topographic Information, Natural Resources Canada. 2009a. 92G-16 Scale 1: 50000 Edition 04, Glacier Lake. Natural Resources Canada, Ottawa.

The Centre for Topographic Information, Natural Resources Canada. 2009b. 92I-12 Scale 1: 50000 Edition 04, Lillooet. Natural Resources Canada, Ottawa.

The Centre for Topographic Information, Natural Resources Canada. 2009c. 92I-13 Scale 1: 50000 Edition 04, Pavilion. Natural Resources Canada, Ottawa.

The Centre for Topographic Information, Natural Resources Canada. 2009d. 92J-2 Scale 1: 50000 Edition 04, Whistler. Natural Resources Canada, Ottawa.

The Centre for Topographic Information, Natural Resources Canada. 2009e. 92J-7 Scale 1: 50000 Edition 04, Pemberton. Natural Resources Canada, Ottawa.

The Centre for Topographic Information, Natural Resources Canada. 2009f. 92J-9 Scale 1: 50000 Edition 04, Shalalth. Natural Resources Canada, Ottawa.

The Centre for Topographic Information, Natural Resources Canada. 2009g. 92J-10 Scale 1: 50000 Edition 04, Birkenhead Lake. Natural Resources Canada, Ottawa.

Chatters, J. C., 1989. Pacifism and the organization of conflict on the Plateau of Northwestern America. In: Tkaczuk, D. C., Vivian, B. C. (Eds.), Cultures in Conflict: Current Archaeological Perspectives. University of Calgary Archaeological Association, Calgary, pp. 241-252.

Chatters, J. C., 2004. Safety in numbers: the influence of the bow and arrow on village formation on the Columbia Plateau. In: Prentiss, W. C., Kuijt, I. (Eds.), Complex Hunter-gatherers: Evolution and Organization of Prehistoric Communities on the Plateau of Northwestern North America. University of Utah Press, Salt Lake City, pp. 67-83.

Chatters, J. C., Pokotylo, D., 1998. Prehistory: introduction. In: Walker Jr., D. E. (Ed.), Handbook of North American Indians, Vol. 12: Plateau. Smithsonian Institution, Washington, D.C., pp. 73-80.

Chisholm, B., 1986. Reconstruction of Prehistoric Diet in British Columbia Using Stable-carbon Isotopic Analysis. PhD. Dissertation, Department of Archaeology, Simon Fraser University, Burnaby.

Conolly, J., Lake, M., 2006. Geographical Information Systems in Archaeology. Cambridge University Press, Cambridge.

Coupland, G., Martindale, A. R. C., Marsden, S., 2001. "Does resource abundance explain local group rank among the Coast Tsimshian?" In: Cybulksi, J. (Ed.), Perspectives in Northern Northwest Coast Prehistory. Mercury Series Archaeological Survey of Canada

Paper 160. National Museum of Canada. Ottawa, pp. 221-248.

Crenllin, D., Heffner, T., 2000. The cultural significance of domestic dogs in prehistoric Keatley Creek society. In: Hayden, B. (Ed.), The Ancient Past of Keatley Creek, Vol. 2: Socioeconomy. Archaeology Press, Simon Fraser University, Burnaby, pp. 151-164.

Cybulski, J., 2006. Skeletal biology: Northwest Coast and Plateau. In: Ubelaker, D. H. (Ed.), Handbook of North American Indians, Vol. 3: Environment, Origins and Population. Smithsonian Institution, Washington D.C., pp. 532-547.

Dalla Bona, L., Larcombe, L., 1996. Modeling prehistoric land use in northern Ontario. In: Maschner, H. D. G. (Ed.), New Methods, Old Problems: Geographic Information Systems in Modern Archaeological Research. Center for Archaeological Investigation, Southern Illinois University, Carbondale, pp. 252-271.

Darwent, J., 1998. The Prehistoric Use of Nephrite on the British Columbia Plateau. Archaeology Press, Simon Fraser University, Burnaby.

Dawson, G. M., 1892. Notes on the Shuswap People of British Columbia, Proceedings and Transactions of the Royal Society of Canada for the year 1891 Vol. 9, 3-44.

Dixon, J., 2008. Bifaces from On Your Knees Cave, Southeast Alaska. In: Carlson, R. L., Magne, M. P. R. (Eds.), Projectile Point Sequences in Northwestern North America. Archaeology Press, Simon Fraser University, Burnaby, pp. 11-18.

Dixon, J., Heaton, T. H., Fifield, T. E., Hamilton, T. D., Putnam, D. E., Grady, F., 1997. Late Quaternary regional geoarchaeology of Southeast Alaska karst: a progress report. Geoarchaeology: An International Journal 12, 689-712.

Donald, L., Mitchell, D. H., 1975. Some correlates of local groups rank among the Southern Kwakiutl. Ethnology 14, 325-346.

Driver, J. C., 1996. The significance of the fauna from Charlie Lake Cave. In: Carlson, R. L., Dalla Bona, L. (Eds.), Early Human Occupation in British Columbia. UBC Press, Vancouver, pp. 21-28.

Drucker, P., 1939. Rank, wealth, and kinship in Northwest Coast society. American Anthropologist 41, 55-65.

Drucker, P., 1951. Northern and Central Nootkan Tribes. Smithsonian Institution Bureau of American Ethnology Bulletin 144, Washington, D.C.

Duff, W., 1952. The Upper Stalo Indians of the Fraser Valley British Columbia. Anthropology in British Columbia, Memoir No. 1. British Columbia Provincial Museum, Department of Education, Victoria.

Dungan, K. A., Roos, C. I., 2005. A room with a view and hilltop location in the Early Pithouse Period sites in the Mogollon Rim Regions, Paper presented at the 70th Annual Meeting of the Society for American Archaeology, Salt Lake City.

Emmons, G. T., 1911. Tahltan Indians. Anthropological Publications University of Pennsylvania Museum, Vol.4, No.1, The University Museum, Philadelphia.

Emmons, G. T., 1991. The Tlingit Indians. American Museum of Natural History, New York.

Environment Canada, n.d.a. http://climate.weather.gc.ca/climate_normals/results_1981_2010_e.html?stnID=889&lang=e&StationName=vancouver&SearchType=Contains&stnNameSubmit=go&dCode=1 (accessed 23.11.2014).

引用文献

Environment Canada, n.d.b. http://climate.weather.gc.ca/climate_normals/results_1981_2010_e.html?stnID=960&lang=e&StationName=Lillooet&SearchType=Contains&stnNameSubmit=go&dCode=5&dispBack=1 (accessed 23.11.2014).

ESRI Support Center, 2004. Extracting point elevation data from DEM. ArcGIS Desktop-ArcMap Layers and Symbology Forum. http://forums.esri.com/Thread.asp?c=93&f=1730&t=128955 (accessed 06.01.2005).

Fedje, D. W., Mackie, A. P., Wigen, R. J., Mackie, Q., Lake, C., 2005. Kilgii Gwaay: An early maritime site in the South of Haida Gwaii. In: Fedje, D. W., Mathewes, R. W. (Eds.), Haida Gwaii: Human History and Environment From the Time of Loon to the Time of the Iron People. UBC Press, Vancouver, pp. 187–203.

Fedje, D. W., Mackie, Q., Smith, N., Mclaren, D., 2011. Function, visibility, and interpretation of archaeological sites at the Pleistocene/Holocene transition in Haida Gwaii. In: Goebel, T., Buvit, I. (Eds.), From the Yenisei to the Yukon: Interpreting Lithic Assemblage Variability in Late Pleistocene/Early Holocene Beringia. Texas A&M University Press, College Station, pp. 323–342.

Feinman, G., Neitzel, J., 1984. Too many types: an overview of prestate societies in the Americas. Advances in Archaeological Method and Theory 7, 39–102.

Fisheries and Oceans Canada, n.d.a. Sockeye—spawning phase. http://www.pac.dfo-mpo.gc.ca/fm-gp/species-especes/salmon-saumon/facts-infos/sockeye-rouge-eng.html (accessed 20.10.2017).

Fisheries and Oceans Canada, n.d.b. Chinook—spawning phase. http://www.pac.dfo-mpo.gc.ca/fm-gp/species-especes/salmon-saumon/facts-infos/chinook-quinnat-eng.html (accessed 20.10.2017).

Fisheries and Oceans Canada, n.d.c. Coho—spawning phase. http://www.pac.dfo-mpo.gc.ca/fm-gp/species-especes/salmon-saumon/facts-infos/coho-eng.html (accessed 20.10.2017).

Fisheries and Oceans Canada, n.d.d. Pink—spawning phase. http://www.pac.dfo-mpo.gc.ca/fm-gp/species-especes/salmon-saumon/facts-infos/pink-rose-eng.html (accessed 20.10.2017).

Fisheries and Oceans Canada, n.d.e. Chum—spawning phase. http://www.pac.dfo-mpo.gc.ca/fm-gp/species-especes/salmon-saumon/facts-infos/chum-keta-eng.html (accessed 20.10.2017).

Fladmark, K., 1996. The prehistory of Charlie Lake Cave. In: Carlson, R. L., Dalla Bona, L. (Eds.), Early Human Occupation in British Columbia. UBC Press, Vancouver, pp. 11–20.

Friele, P., 2000. The evolution of landforms at Keatley Creek, near Lillooet, British Columbia. In: Hayden, B. (Ed.), The Ancient Past of Keatley Creek, Vol. 1: Taphonomy. Archaeology Press, Simon Fraser University, Burnaby, pp. 65–68.

Garfield, V. E., 1939. Tsimshian Clan and Society. University of Washington Publications in Anthropology Vol. 7, No. 3, University of Washington Press, Seattle.

Garfield, V. E., 1966. The Tsimshian and their neighbors. In: Garfield, V. E., Wingert, P. S. (Eds.), The Tsimshian Indians and Their Arts. University of Washington Press, Seattle, pp. 5–70.

Gunther, E., 1926. An analysis of the first salmon ceremony. American Anthropologist 28, 605–617.

Gunther, E., 1972. Indian Life on the Northwest Coast of North America: As Seen By the Early Explorers and Fur Traders During the Last Decades of the Eighteenth Century. University of Chicago Press, Chicago.

Haas, J., Creamer, W., 1993. Stress and warfare among the Kayenta Anasazi of the Thirteenth Century A.D. Fieldiana, Anthropology, n.s. No. 21, Field Museum of Natural History, Chicago.

Harris, C., 1992. The Fraser Canyon encountered. BC Studies 94, 5–28.

Harris, T., 2000. Session 2 discussion: moving GIS: exploring movement within prehistoric cultural landscapes using GIS. In: Lock, G. (Ed.), Beyond the Map: Archaeology and Spatial Technologies. IOS Press, Amsterdam, pp. 116–123.

Hasenstab, R. J., 1996. Settlement as adaptation: variability in Iroquois village site selection as inferred through GIS. In: Maschner, H. D. G. (Ed.), New Methods, Old Problems: Geographic Information Systems in Modern Archaeological Research. Center for Archaeological Investigations, Southern Illinois University at Carbondale No. 23, Carbondale, pp. 223–241.

Hayden, B., (Ed.), 1992a. A Complex Culture of the British Columbia Plateau: Traditional *Stl'atl'imx* Resources Use. UBC Press, Vancouver.

Hayden, B., 1992b. Conclusions. In: Hayden, B. (Ed.), A Complex Culture of the British Columbia Plateau: Traditional *Stl'atl'imx* Resources Use. UBC Press, Vancouver, pp. 525–563.

Hayden, B., 1995. Pathways to power: principles for creating socioeconomic inequalities. In: Price, T. D., Feinman, G. M. (Eds.), Foundation of Social Inequality. Plenum, New York, pp. 15–85.

Hayden, B., 1997. The Pithouses of Keatley Creek: Complex Hunter-Gatherers of the Northwest Plateau. Harcourt Brace College Publishers, Fort Worth.

Hayden, B., 2000a. The opening of Keatley Creek: research problems and background. In: Hayden, B. (Ed.), The Ancient Past of Keatley Creek, Vol. 1: Taphonomy. Archaeology Press, Simon Fraser University, Burnaby, pp. 1–34.

Hayden, B., 2000b. Dating deposits at Keatley Creek. In: Hayden, B. (Ed.), The Ancient Past of Keatley Creek, Vol. 1: Taphonomy. Archaeology Press, Simon Fraser University, Burnaby, pp. 35–40.

Hayden, B., 2000c. Socioeconomic factors influencing housepit assemblages at Keatley Creek. In: Hayden, B. (Ed.), The Ancient Past of Keatley Creek, Vol. 2: Socioeconomy. Archaeology Press, Simon Fraser University, Burnaby, pp. 3–28.

Hayden, B., 2004. Sociopolitical organization in the Natufian: a view from the Northwest. In: Delage, C. (Ed.), The Last Hunter-Gatherer Societies in the Near East. BAR International Series, Oxford, pp. 263–308.

Hayden, B., 2005. The emergence of large villages and large residential corporate group structures among complex hunter-gatherers at Keatley Creek. American Antiquity 70, 169–174.

引用文献

Hayden, B., Ryder, J., 1991. Prehistoric cultural collapse in the Lillooet area. American Antiquity 56, 50-65.

Hayden, B., Ryder, J., 2003. Cultural collapses in the Northwest: A reply to Ian Kuijt. American Antiquity 68, 157-160.

Hayden, B., Schulting, R. J., 1997. The Plateau interaction sphere and late prehistoric cultural complexity. American Antiquity 62, 51-85.

Hewes, G.W., 1998. Fishing. In: Walker Jr., D. E. (Ed.), Handbook of North American Indians, Vol. 12: Plateau. Smithsonian Institution, Washington, D.C., pp. 620-640.

Hill, C., 2006. Geologic framework and glaciation of the Western area. In: Ubelaker, D. H. (Ed.), Handbook of North American Indians, Vol. 3: Environment, Origins and Population. Smithsonian Institution, Washington D.C., pp. 47-60.

Hill-Tout, C., 1900. Notes on the Skqomic of British Columbia, a branch of the great Salish stock of North America. Report of the British Association for the Advacement of Science 70th meeting. pp. 472-550. (Reprinted from The Salish People, The Local Contribution of Chareles Hill-Tout, Vol. 2: The Squamish and The Lillooet, edited with an introduction by Ralph Maud. 1978. Talonbooks, Vancouver, pp. 27-97.)

Hill-Tout, C., 1902. Ethnological studies of the Mainland Halkomelem, a division of the Salish of British Columbia. Report of the British Association for the Advancement of Science 72, 355-449. (Reprinted from The Salish People, The Local Contribution of Chareles Hill-Tout, Vol. 3: The Mainland Halkomelem, edited with an introduction by Ralph Maud. 1978. Talonbooks, Vancouver, pp. 39-93.)

Hill-Tout, C., 1904. Report on the ethnology of the Siciatl of British Columbia, a coast division of the Salish stock. The Journal of the Anthropological Institute of Great Britain and Ireland 34, 20-91.

Hill-Tout, C., 1905. Report on the ethnology of the Stlatlumh of British Columbia. The Journal of the Anthropological Institute of Great Britain and Ireland 35, 126-218.

Holmes, W. H., 1914. Areas of American culture characterization tentatively outlined as an aid in the study of antiquities. American Anthropologist 16, 413-446.

Honigmann, J. J., 1954. Kaska Indians: An Ethnographic Reconstruction. Yale University Publications in Anthropology 51. Yale University Press, New Haven. (Reprinted by Human Relations Area Files Press, 1964.)

Howey, M. C. L., 2007. Using multi-criteria cost surface analysis to explore past regional landscapes: a case study of ritual activity and social interaction in Michigan, AD 1200-1600. Journal of Archaeological Science 34, 1830-1846.

Ignace, M., 1998. Shuswap. In: Walker Jr., D. E. (Ed.), Handbook of North American Indians, Vol. 12: Plateau. Smithsonian Institution, Washington, D.C., pp. 203-219.

Jenness, D., 1937. The Sekani Indians of British Columbia. Anthropologicl Series 20, National Museum of Canada Bulletin 84, Ottawa.

Jenness, D., 1943. The Carrier Indians of the Bulkley River: Their Social Life and Religious Life. Anthropological Papers No.25, Smithsonian Institution, Bureau of American Ethnology Bulletin 133, Washington, D.C.

Jewitt, J. R., 1824. The Adventures and Sufferings of John R. Jewitt; Only Survivor of the

Ship Boston, During a Captivity of Nearly Three Years Among the Savages of Nootka Sound with an Account of the Manners, Mode of Living, and Religious Opinions of the Natives. Reprinted For Arciid. Constable & Co. Edinburgh: And Hurst, Robinson, & Co. London, Edinburgh.

Johnson, A. W., Earle, T., 2000. The Evolution of Human Societies: From Foraging Group to Agrarian State, 2nd ed. Stanford University Press, Stanford.

Jones, E., 2006. Using viewshed analyisis to explore settlement choice: a case study of the Onodedaga Iroquois. American. Antiquity 71, 523-538.

Kamermans, H., 2006. Problems in Paleolithic land evaluation: a cautionary tale. In: Mehrer, M. W., Wescott, K. L. (Eds.), GIS and Archaeological Site Location Modeling. CRC, Taylor & Francis, Boca Raton, pp. 97-122.

Kan, S., 1989. Why the aristocrats were 'heavy,' or how ethnopsychology legitimized inequality among the Tlingit. Dialectical Anthropology 14, 81-94.

Keeley, L. H., 1996. War Before Civilization: The Myth of the Peaceful Savage. Oxford University Press, New York.

Kelly, R. L., 1992. Mobility/sedentism: concepts, archaeological measures, and effects. Annual Review of Anthropology 21, 43-66

Kennedy, D. I. D., Bouchard, R., 1978. Fraser River Lillooet: an ethnographic summary. In: Stryd, A.H., Lawhead, S. (Eds.), Reports of the Lillooet Archaeological Project, Number 1: Introduction and Setting. Mercury Series, Archaeological Survey of Canada, Paper No. 73, National Museum of Canada, Ottawa, pp. 22-55.

Kennedy, D. I. D., Bouchard, R., 1983. Sliammon Life, Sliammon Land. Talonbooks, Vancouver.

Kennedy, D. I. D., Bouchard, R., 1990. Northern Coast Salish. In: Suttles, W. (Ed.), Handbook of North American Indians, Vol. 7: Northwest Coast. Smithsonian Institution, Washington, D.C., pp. 441-452.

Kennedy, D. I. D., Bouchard, R., 1992. *Stl'atl'imx* (Fraser River Lillooet) fishing. In: Hayden, B. (Ed.), A Complex Culture of the British Columbia Plateau: Traditional *Stl'atl'imx* Resource Use. UBC Press, Vancouver, pp. 266-354.

Kennedy, D. I. D., Bouchard, R., 1998a. Lillooet. In: Walker Jr., D.E. (Ed.), Handbook of North American Indians, Vol. 12: Plateau. Smithsonian Institution, Washington, D.C., pp. 174-190.

Kennedy, D. I. D., Bouchard, R., 1998b. Okanagan. In: Walker Jr., D.E. (Ed.), Handbook of North American Indians, Vol. 12: Plateau. Smithsonian Institution, Washington, D.C., pp. 238-252.

Kew, M., 1992. Salmon availability, technology, and cultural adaptation in the Fraser River watershed. In: Hayden, B. (Ed.), A Complex Culture of the British Columbia Plateau: Traditional *Stl'atl'imx* Resource Use. UBC Press, Vancouver, pp. 177-221.

Kinkade, M. D., Elmendorf, W. W., Rigsby, B., Aoki, H., 1998. Languages. In: Walker Jr., D.E. (Ed.), Handbook of North American Indians, Vol. 12: Plateau. Smithsonian Institution, Washington, D.C., pp. 49-72.

Kroeber, A. L., 1939. Cultural and Natural Areas of Native North America. University of

引用文献

California Publications in American Archaeology and Ethnology, Vol. 38, University of California Press, Berkeley.

Kuijt, I., 1989. Subsistence resource variability and culture change during the Middle-Late Prehistoric cultural transition on the Canadian Plateau. Canadian Journal of Archaeology 13, 97-118.

Kuijt, I., Prentiss, W. C., 2004. Villages on the edges: pithouses, cultural changes, and the abandonment of aggregate pithouse villages. In: Prentiss, W. C., Kuijt, I. (Eds.), Complex Hunter-gatherers: Evolution and Organization of Prehistoric Communities on the Plateau of Northwestern North America. University of Utah Press, Salt Lake City, pp. 155-168.

Kusmer, K., 2000. Zooarchaeological analysis at Keatley Creek, Vol. 2: Socioeconomy. In: Hayden, B. (Ed.), The Ancient Past of Keatley Creek, Vol. 2: Socioeconomy. Archaeology Press, Simon Fraser University, Burnaby, pp. 119-133.

Kvamme, K. L., 1993. Computer methods: geographic information systems. In: Haas J., Creamer, W. (Eds.), Stress and Warfare among the Kayenta Anasazi of the Thirteenth Century A.D. Fieldiana, Anthropology, n.s. No.21, Field Museum of Natural History, Chicago, pp. 171-180.

Kvamme, K. L., 1999. Recent directions and developments in Geographical Information Systems. Journal of Archaeological Research 7, 153-201.

Lamb, W. K., 1960. The Letters and Journals of Simon Fraser 1806-1808. Macmillan, Toronto.

Lambert, P. M., 2002. The archaeology of war: a North American perspective. Journal of Archaeological Research 10, 207-241.

Lane, R. B., 1981. Chilcotin. In: Helm, J. (Ed.), Handbook of North American Indians, Vol. 6: Subarctic. Smithsonian Institution, Washington, D.C., pp. 402-12.

LeBlanc, S. A., 1999. Prehistoric Warfare in the American Southwest. University of Utah Press, Salt Lake City.

Lepofsky, D., Peacock, S. L., 2004. A question of intensity: exploring the role of plant foods in Northern Plateau Prehistory. In: Prentiss, W. C., Kuijt, I. (Eds.), Complex Hunter-gatherers: Evolution and Organization of Prehistoric Communities on the Plateau of Northwestern North America. University of Utah Press, Salt Lake City, pp. 115-139.

Llobera, M., 2003. Extending GIS-based visual analysis: the concept of visualscapes. International Journal of Geographical Information Science 17, 25-48.

Lock, G. R., Harris, T. M., 1996. Danebury revisited: an English iron age hillfort in a digital landscape. In: Aldenderfer, M., Maschner, H. D. G. (Eds.), Anthropology, Space, and Geographic Information Systems. Oxford University Press, New York, pp. 214-240.

Lovell, N., Chisholm, B., Nelson, D. E., Schwartz, H., 1986. Prehistoric salmon consumption in Interior British Columbia. Canadian Journal of Archaeology 10, 99-106.

Lundy, D., 1983. Styles of coastal rock art. In: Carlson, R. L. (Ed.), Indian Art Traditions of the Northwest Coast. Archaeology Press, Simon Fraser University, Burnaby, pp. 89-97.

MacDonald, G. F., 1989. Chiefs of the Sea and Sky: Haida Heritage Sites of the Queen Charlotte Islands. UBC Press, Vancouver.

Mardy, S. L. H, Rakos, L., 1996. Line-of-sight and cost-surface techniques for regional research in the Arroux River Valley. In: Maschner, H. D. G. (Ed.), New Methods, Old Problems: Geographic Information Systems in Modern Archaeological Research. Center for Archaeological Investigations, Southern Illinois University at Carbondale No. 23, Carbondale, pp. 104-126.

Martindale, A., 2003. A Hunter-gatherer paramount chiefdom: Tsimshian developments through the Contact Period. In: Matson, R. G., Coupland, G., Mackie, Q. (Eds.), Emerging from the Mist. UBC Press, Vancouver, pp. 12-50.

Martindale, A., Supernant, K., 2009. Quantifying the defensiveness of defended sites on the Northwest Coast of North America. Journal of Anthropological Archaeolgy 28, 191-204.

Maschner, H. D. G., 1996a. Geographic Information Systems in archaeology. In: Maschner, H. D. G. (Ed.), New Methods, Old Problems: Geographic Information Systems in Modern Archaeological Research. Center for Archaeological Investigations, Southern Illinois University at Carbondale No. 23, Carbondale, pp. 1-21.

Maschner, H. D. G., 1996b. The politics of settlement choice on the Northwest Coast: cognition, GIS, and coastal landscapes. In: Aldenderfer, M., Maschner, H. D. G. (Eds.), Anthropology, Space, and Geographic Information Systems. Oxford University Press, New York, pp. 175-189.

Maschner, H. D. G., 1997. The evolution of Northwest Coast warfare. In: Frayer, D. W. (Ed.), Troubled Times: Violence and Warfare in the Past. Gordon and Breach, Amsterdam, pp. 267-302.

Maschner, H. D. G., Reedy-Maschner, K. L., 1998. Raid, retreat, defend (repeat): the archaeology and ethnohistory of warfare on the North Pacific Rim. Journal of Anthropological Archaeology 17, 19-51.

Mason, O., 1907. Enviroment. In: Hodge, F. W. (Ed.), Handbook of American Indians North of Mexico, Pt.1. Smithsonian Institution Bureau of American Ethnology Bulletin 30. Government Printing Office, Washington, D.C., pp. 427-430.

Mathewes, R., Pellatt, M., 2000. Holocene climate in the South-Central Interior of British Columbia. In: Hayden, B. (Ed.), The Ancient Past of Keatley Creek, Vol. 1: Taphonomy. Archaeology Press, Simon Fraser University, Burnaby, pp. 59-64.

Matson, R. G., 1992. The evolution of Northwest Coast subsistence. Research in Economic Anthropology, Supplement 6, 367-428.

Matson, R. G., Coupland, G., 1995. The Prehistory of the Northwest Coast. Academic Press, San Diego.

Matson, R. G., Magne, M. P. R., 2007. Athapaskan Migrations: The Archaeology of Eagle Lake, British Columbia. University of Arizona Press, Tucson.

McClellan, C., 1981a. Inland Tlingit. In: Helm, J. (Ed.), Handbook of North American Indians, Vol. 6: Subarctic. Smithsonian Institution, Washington, D.C., pp. 469-480.

McClellan, C., 1981b. Tagish. In: Helm, J. (Ed.), Handbook of North American Indians, Vol. 6: Subarctic. Smithsonian Institution, Washington, D.C., pp. 481-492.

McCoy, J., Johnston, K., 2001. ArcGIS Spatial Analyst. ESRI, Redlands.

McIlwraith, T. F., 1948. Bella Coola Indians. 2 Volumes. University of Toronto Press, Toronto.

引用文献

McMillan, A. D., 1999. Since the Time of the Transformers: The Ancient Heritage of the Nuu-chah-nulth, Ditidaht, and Makah. UBC Press, Vancouver.

McNeary, S. A., 1976. Where Fire Came Down: Social and Economic Life of the Niska. PhD. Dissertation. Department of Anthropology, Bryn Mawr College, Bryn Mawr.

Milner, G. R., 1999. Warfare in prehistoric and early historic eastern North America. Jouranl of Archaeological Research 7, 105-151.

Ministry of Environment Lands and Parks Geographic Data BC, 1997. Policies and specifications for TRIM II (1:20000) and (1:10000) revision data capture version 2.0, May 15, 1997.http://ilmbwww.gov.bc.ca/crgBPba/trim/specs/trm2spcs.pdf（accessed 07.11.2009）.

Mink, P. B., Stokes, B. J., Pollack, D., 2006. Points vs. polygons: a test case using a statewide Geographic Information System. In: Mehrer, M. W., Wescott, K. L. (Eds.), GIS and Archaeological Site Location Modeling. CRC, Taylor & Francis, Boca Raton, pp. 219-239.

Mitcham, J., 2002. In search of a defensible site: A GIS analysis of Hampshire Hillforts. In: Wheatley, D., Earl, G., Poppy, S. (Eds.), Contemporary Themes in Archaeological Computing. University of Southampton, Department of Archaeology Monograph 3, Oxbow Books, Oxford, pp. 73-81.

Mitchell, D., 1983. Tribes and chiefdoms of the Northwest Coast: the Tsimshian case. In: Nash, R. J. (Ed.), The Evolution of Maritime Cultures on the Northeast and the Northwest Coast of America. Publication No.11, Department of Archaeology Simon Fraser University, Burnaby, pp. 57-64.

Mitchell, D., 1984. Predatory warfare, social status, and the North Pacific slave trade. Ethnology 23, 39-48.

Morice, A. G., 1906. The History of the Northern Interior of British Columbia, Formerly New Caledonia (1660 to 1880). John Lane The Bodley Head, London.

Morin, J., 2004. Cutting edges and salmon skin: variation in salmon processing technology on the Northwest Coast. Canadian Journal of Archaeology 28, 281-318.

Morin, J., 2006. Non-domestic Architecture in Complex Hunter-Gatherer Communities: An Example From Keatley Creek on the Canadian Plateau. M. A. thesis, Department of Anthropology and Sociology, University of British Columbia, Vancouver.

Morin, J., 2012. The Political Economy of Stone Celt Exchange in Pre-contact British Columbia: The Salish Nephrite/Jade Industry. PhD. Dissertation, Department of Anthropology, University of British Columbia, Vancouver.

Morin, J., Dickie, R., Sakaguchi, T., Hoskins, J., 2008. Late prehistoric settlement patterns and population dynamics in the Mid-Fraser region. BC Studies 160, 9-35.

Moss, M. L., Erlandson, J. M., 1992. Forts, refuge rocks, and defensive sites: the antiquity of warfare along the North Pacific Coast of North America. Arctic Anthropology 29, 73-90.

Museum of Anthropology at the University of British Columbia, n.d. First Nations of British Columbia. http://moa.ubc.ca/wp-content/uploads/2014/08/School Program-FirstNationsMap.pdf (accessed 13.10.2017).

Nastich, M., 1954. The Lillooet: An Account of the Basis of Individual Status. M. A. Thesis, Department of Economics, Political Science, and Sociology, University of British

Columbia, Vancouver.

North Thompson Indian Band, n.d. The Simpcw People and Their Fishing Traditions (Description plate). Barrier (accessed 08.09.2005).

Ogburn, D. E., 2006. Assessing the level of visibility of cultural objects in past landscapes. Journal of Archaeological Science 33, 405–413.

Olson, R. L., 1940. The Social Organization of the Haisla of British Columbia. Anthropological Records 2, 169–200.

Olson, R. L., 1954. Social Life of the Owikeno Kwakiutl. Anthropological Records 14, 213–260.

Ormsby, T., Napoleon, E., Burke, R., Broessl, C., Feaster, L., 2001. Getting to Know ArcGIS Desktop: Basics of Arcview, Arceditor, and Arcinfo. ESRI, Redlands.

Pokotylo, D., Froese, P., 1983. Archeological evidence for prehistoric root gathering on the Southern Interior Plateau of British Columbia: a case study from Upper Hat Creek Valley. Canadian Journal of Archeolgy 7, 127–157.

Pokotylo, D., Mitchell, D., 1998. Prehistory of the Northern Plateau. In: Walker Jr., D. E. (Ed.), Handbook of North American Indians, Vol. 12: Plateau. Smithsonian Institution, Washington, D.C., pp. 81–102.

Prentiss, W. C., Lenert, M., Foor, T. A., Goodale, N. B., Schlegel, T., 2003. Calibrated radiocarbon dating at Keatley Creek: the chronology of occupation at a complex hunter-gatherer village. American Antiquity 68, 719–735.

Prentiss, W. C., Kuijt, I., (Eds.), 2004. Complex Hunter-Gatherers: Evolution and Organization of Prehistoric Communities on the Plateau of Northwestern North America. University of Utah Press, Salt Lake City.

Prentiss, W. C., Chatters, J. C., Lenert, M., Clark, D., 2005. The archaeology of the Plateau of Northwestern North America during the Late Prehistoric Period (3500 – 200BP): evolution of hunting and gathering societies. Journal of World Prehistory 19, 47–118.

Prentiss, A. M., Lyons, N., Harris, L. E., Burns, M. R. P., Godin, T. M., 2007. The emergence of status inequality in intermediate scale societies: a demographic and socio-economic history of the Keatley Creek site, British Columbia. Journal of Anthropological Archaeolgy 26, 299–327.

Prentiss, A. M., Cross, G., Foor, T. A., Hogan, M., Markle, D., Clarke, D., 2008. Evolution of a Late Prehistoric winter village on the Interior Plateau of British Columbia: geophysical investigations, radiocarbon dating, and spatial analysis of the Bridge River site. American Antiquity 73, 59–81.

Price, T. D., Brown, J. A., (Eds.), 1985. Prehistoric Hunter-Gatherers: The Emergence of Cultural Complexity, Academic Press, New York.

Province of British Columbia Ministry of Sustainable Resource Management Geographic Data BC, 2001. Baseline thematic mapping present land use mapping at 1:250000, release 2.1 August 2001. British Columbia specifications and guidelines for geomatics, content series Vol. 6 pt. 1. http://www.ilmb.gov.bc.ca/cis/initiatives/ias/btm/files/btm2specaug1.pdf (accessed 01.11.2009).

Ray, V. F., 1932. The Sanpoil and Nespelem: Salishan Peoples of Northeastern Washington. University of Washington Publications in Anthropology Vol. 5, University of Washington

引用文献

Press, Seattle.

Ray, V. F., 1942. Culture element distributions: XXII, Plateau. Anthropological Records 8, 99–262.

Renfrew, C., 1975. Trade as action at a distance: question of integration and communication. In: Sabloff, J. A., Lamberg-Karlovsky C. C. (Eds.), Ancient Civilization and Trade. University of New Mexico Press, Albuquerque, pp. 3–54.

Renfrew, C., 1976. Megaliths, territories and populations. In: De Laet, S. J. (Ed.), Acculturation and Continuity in Atlantic Europe: Mainly During the Neolithic Period and The Bronze Age. De Tempel, Brugge, pp. 198–220.

Richards, T. H., Rousseau, M. K., 1987. Late Prehistoric Cultural Horizons on the Canadian Plateau. Archaeology Press, Simon Fraser University, Burnaby.

Ritchie, P. M., 2010. From Watershed to House: The Cultural Landscapes of the Sts'ailes People. MA Thesis, Department of Archaeology. Simon Fraser University, Burnaby.

Romanoff, S., 1992. Fraser Lillooet salmon fishing. In: Hayden, B. (Ed.), A Complex Culture of the British Columbia Plateau: Traditional *Stl'atl'imx* Resource Use. UBC Press, Vancouver, pp. 222–265.

Rousseau, M. K., 2004. A culture historic synthesis and changes in human mobility, sedentism, subsistence, settlement, and population on the Canadian Plateau, 7000 – 200BP In: Prentiss, W. C., Kuijt, I. (Eds.), Complex Hunter-Gatherers: Evolution and Organization of Prehistoric Communities on the Plateau of Northwestern North America. University of Utah Press, Salt Lake City, pp. 3–22.

Rousseau M. K., 2008. Chipped stone bifaces as cultural, behavioural, and temporal indices on the Central Canadian Plateau. In: Carlson R. L., Magne M. P. R. (Eds.), Projectile Point Sequences in Northwestern North America. Archaeology Press, Simon Fraser University, Burnaby, pp. 221–250.

Ryder, J., 1978. Geomorphology and late quaternary history of the Lillooet area. In: Stryd, A. H., Lawhead, S., (Eds), Reports of the Lillooet Archaeological Project, Number 1: Introduction and Setting. Mercury Series, Archaeological Survey of Canada, Paper No. 73, National Museum of Canada, Ottawa, pp. 56–67.

Sanger, D., 1970. The archaeology of the Lochnore-Nesikep locality, British Columbia. Syesis 3, Supplement 1, 1–146.

Schaepe, D. M., 2006. Rock fortifications: archaeological insights into precontact warfare and sociopolitical organization among the Sto:lo of the Lower Fraser Canyon, B. C. American Antiquity 71, 671–705.

Schaepe, D. M., 2009. Pre-colonial Sto:lo-Coast Salish Community Organization: An Archaeological Study. Ph.D. Dissertation, Department of Anthropology. University of British Columbia, Vancouver.

Schulting, R. J., 1995. Mortuary Variability and Status Differentiation on the Columbia-Fraser Plateau. Archaeology Press, Simon Fraser University, Burnaby.

Secwepemc Cultural Education Society, 1994. Shuswap Fishing Methods: Dip Nets and Spears, Poster presented at Roderick Haig-Brown Park. Peerless Printers Ltd, Kamloops (accessed 08.10.2006).

Service, E. R., 1962. Primitive Social Organization: An Evolutionary Perspective. Random House, New York.

Shalk, R. F., 1977. The structure of an anadoromous fish resource. In: Binford, L. R. (Ed.), For Theory Building in Archaeology, Academic Press, New York, pp. 207-249.

Shalk, R. F., 1981. Land use and organizational complexity among foragers of Northwestern North America. Senri Ethnological Studies 9, 53-75.

Smith, H. I., 1899. Archaeology of Lytton, British Columbia. In: Boas, F. (Ed.), The Jesup North Pacific Expedition, Memoirs of the American Museum of Natural History, Vol. 2. American Museum of Natural History, New York, pp. 129-161.

Smith, W. C., 1977. Archaeological Explorations in the Columbia Basin: A Report on the Mesa Project 1973-1975. Central Washington Archaeological Survey, Department of Anthropology, Central Washington University, Ellensburg.

Speller, C. F., Yang, D. Y., Hayden, B., 2005. Ancient DNA investigation of prehistoric salmon resource utilization at Keatley Creek, British Columbia, Canada. Journal of Archaeological Science 32, 1378-1389.

Steffen, M. L., 2006. Early Holocene Hearth Features and Burnt Faunal Assemblages at the Richardson Island Archaeological Site, Haida Gwaii, British Columbia. MA Thesis, Department of Anthropology, University of Victoria, Victoria.

Stern, T., 1998. Columbia River trade netwok. In: Walker Jr., D. E. (Ed.), Handbook of North American Indians, Vol. 12: Plateau. Smithsonian Institution, Washington, D.C., pp. 641-652.

Stewart, H., 1977. Indian Fishing: Early Methods on the Northwest Coast. J. J. Douglas, North Vancouver.

Stewart, H., 1984. Cedar: Tree of Life to the Northwest Coast Indians. Douglas & McIntyre, Vancouver.

Stryd, A. H., 1973. The Later Prehistory of the Lillooet Area, British Columbia. Ph.D. Dissertation, Department of Archaeology, University of Calgary, Calgary.

Stryd, A. H., 1980. A review of the recent activities understaken by the Lillooet archaeological project. The Midden 12, 5-20.

Stryd, A. H., 1981. Prehistoric sculptures from the Lillooet area of British Columbia. Datum 6, 9-15.

Stryd, A. H., 1983. Prehistoric mobile art from the Mid-Fraser and Thompson River areas, In: Carlson, R. L. (Ed.), Indian Art Traditions of the Northwest Coast. Archaeology Press, Simon Fraser University, Burnaby, pp. 167-181.

Stryd, A. H., Hills, L. V., 1972. An archaeological survey of the Lillooet-Big Bar area, British Columbia. Syesis 5, 191-209.

Stryd, A. H., Lawhead, S., (Eds.), 1978. Reports of the Lillooet Archaeological Project Number 1: Introduction and Setting. Mercury Series, Archaeological Survey of Canada, Paper No. 73. National Museum of Canada, Ottawa.

Stryd, A. H., Rousseau, M. K., 1996. The early prehistory of the Mid Fraser-Thompson River Area. In: Carlson, R. L., Dalla Bona, L. (Eds.), Early Human Occupation in British Columbia. UBC Press, Vancouver, pp. 177-204.

引用文献

Sturtevant, W. C., 1998. Boundaries of the culture area. In: Walker Jr., D. E. (Ed.), Handbook of North American Indians, Vol. 12: Plateau. Smithsonian Institution, Washington, D.C., pp. 1-3.

Suttles, W., 1955. Katzie Ethnographic Notes. Anthropology in British Columbia Memoir No. 2. British Columbia Provincial Museum, Department of Education, Victoria.

Suttles, W., 1958. Private knowledge, morality and social classes among the Coast Salish. Americann Anthropologist 60, 497-507.

Suttles, W., 1960. Affinal ties, subsistence, and prestige among the Coast Salish. American Anthropologist 62, 296-305.

Suttles, W., 1974. Coast Salish and Western Washington Indians 1: The economic life of the Coast Salish of Haro and Rosario Straits. Garland, New York.

Suttles, W., 1990a. Introduction. In: Suttles, W. (Ed.), Handbook of North American Indians, Vol. 7: Northwest Coast. Smithsonian Institution, Washington, D.C., pp. 1-15.

Suttles, W., 1990b. Central Coast Salish. In: Suttles, W. (Ed.), Handbook of North American Indians, Vol. 7: Northwest Coast. Smithsonian Institution, Washington, D.C., pp. 453-475.

Suttles, W., Lane, B., 1990. Southern Coast Salish. In: Suttles, W. (Ed.), Handbook of North American Indians, Vol. 7: Northwest Coast. Smithsonian Institution, Washington, D.C., pp. 485-502.

Teit, J., 1900. The Thompson Indians of British Columbia. In: Boas, F. (Ed.), The Jesup North Pacific Expedition, Memoirs of the American Museum of Natural History, Vol. 2, American Museum of Natural History, New York.

Teit, J., 1906. The Lillooet Indians. In: Boas, F. (Ed.), The Jesup North Pacific Expedition, Memoirs of the American Museum of Natural History, Vol. 4, pt. 5, American Museum of Natural History, New York.

Teit, J., 1909. The Shuswap. In: Boas, F. (Ed.), The Jesup North Pacific Expedition, Memoirs of the American Museum of Natural History, Vol. 4, pt. 7, American Museum of Natural History, New York.

Teit, J., 1930. The Salishan Tribes of the Western Plateaus. 45th Annual Report of the Bureau of American Ethnology, Government Printing Office, Washington, D.C.

Testart, A., 1982. The significance of food storage among hunter-gatherers: residence patterns, population densities, and social inequalities. Current Anthropology 23, 523-537.

Thompson, L. C., Kinkade, M. D., 1990. Languages. In: Suttles, W. (Ed.), Handbook of North American Indians, Vol. 7: Northwest Coast. Smithsonian Institution, Washington, D.C., pp. 30-51.

Tobey, M. L., 1981. Carrier. In: Helm, J. (Ed.), Handbook of North American Indians, Vol. 6: Subarctic. Smithsonian Institution, Washington, D.C., pp. 413-432.

Tobler, W., 1993. Three presentations on geographical analysis and modeling. http://www.ncgia.ucsb.edu/Publications/Tech_Reports/93/93-1.PDF (accessed 12.05.2007).

Townsend, J. B., 1980. Ranked societies of the Alaskan Pacific Rim. Senri Ethnological Studies 4, 123-156.

Tschan, A. P., Raczkowski, W., Latalowa, M., 2000. Perception and viewsheds: are they mutually inclusive?, In: Lock, G. (Ed.), Beyond The Map: Archaeology and Spatial

Technologies. IOS Press, Amsterdam, pp. 28-48.

Turner, N. J., 1992. Plant resources of the *Stl'atl'imx* people. In: Hayden, B. (Ed.), A Complex Culture of the British Columbia Plateau: Traditional *Stl'atl'imx* Resource Use. UBC Press, Vancouver, pp. 405-469.

Tyhurst, R., 1992. Traditional and contemporary land and resource use by *Ts'kw'aylaxw* and *Xaxli'p* Bands. In: Hayden, B. (Ed.), A Complex Culture of the British Columbia Plateau: Traditional *Stl'atl'imx* Resource Use. UBC Press, Vancouver, pp. 355-404.

van Leusen, M., 2002. Pattern to Process: Methodological Investigations Into the Formation and Interpretation of Spatial Patterns in Archaeological Landscapes. http://dissertations.ub.rug.nl/faculties/arts/2002/p.m.van.leusen/ (accessed 10.03.2009).

Wagner, H. R., 1936. Journal of Tomás de Suría of His Voyage with Malaspina to the Northwest Coast of America in 1791. Translated and edited by H. R. Wagner. Arthur H. Clark Company, Glendale. http://content.wisconsinhistory.org/cdm/ref/collection/aj/id/8686 (accessed 13.12.2014).

Walker, Jr., D. E., 1998. Introduction. In: Walker Jr., D. E. (Ed.), Handbook of North American Indians, Vol. 12: Plateau. Smithsonian Institution, Washington, D.C., pp. 1-7.

Washburn, W. E., (Ed.), 1988. Handbook of North American Indians, Vol. 4: History of Indian-White Relations. Smithsonian Institution, Washington, D.C.

Wheatley, D., 1996. The use of GIS to understand regional variation in Earlier Neolithic Wessex. In: Maschner, H. D. G. (Ed.), New methods, Old Problems: Geographic Information Systems in Modern Archaeological Research. Center for Archaeological Investigations, Southern Illinois University at Carbondale No. 23, Carbondale, pp. 75-103.

Wheatley, D., Gillings, M., 2000. Vision, perception and GIS: developing enriched approaches to the study of archaeological visibility. In: Lock, G. R. (Ed.), Beyond the Map: Archaeology and Spatial Technologies. IOS Press, Amsterdam, pp. 1-27.

Wissler, C., 1922. The American Indian: An Introduction to the Anthropology of the New World. 2nd ed. Oxford University Press, New York.

綾部恒雄ほか編 2000『世界民族事典』弘文堂、東京

岡部篤行・鈴木敦夫 1992『最適配置の数理』朝倉書店、東京

菊地真・松岡有希子 2001「縄文後期の拠点集落とその領域: 渋谷区豊沢貝塚を中心として」『物質文化』70 1-16頁、物質文化研究会、東京

気象庁 n.d. http://www.data.jma.go.jp/obd/stats/etrn/view/monthly_s3.php?prec_no=44&block_no=47662&year=&month=&day=&view=p4 (accessed 23.11.2014).

高阪宏行・関根智子 2005『GISを利用した社会・経済の空間分析』古今書院、東京

小林謙一・津村宏臣・坂口隆・建石徹・西本豊弘 2002「武蔵野台地東部における縄文中期集落の分布」『セツルメント研究』3号 1-60頁、セツルメント研究会、東京

谷口康浩 1993「縄文時代集落の領域」『季刊考古学』44 67-71頁、雄山閣、東京

谷口康浩 2003「縄文時代中期における拠点集落の分布と領域モデル」『考古学研究』第49巻第4号、39-58頁 考古学研究会、岡山

津村宏臣・小林謙一・坂口隆・建石徹・西本豊弘 2002a「縄文集落の生態論（2）」『動物考古学』第18号 1-37頁、動物考古学研究会、佐倉

津村宏臣・小林謙一・建石徹・坂口隆・西本豊弘 2002b「縄文集落の生態論（3-1）」『動物考古学』

引用文献

第19号39-72頁、動物考古学研究会、佐倉
渡辺仁 1990『縄文式階層化社会』六興出版、東京

後書き

　本書は、カナダ留学時代の研究成果（その成果の一部は、カナダの研究者との共同研究によっている）や南山大学人文学部人類文化学科における講義「現代考古学—北米北西海岸の先住民社会」に基づき作成したものである。当該分野に関する研究者は日本には少なく、体系的な日本語文献も皆無に等しい。講義を通して、良好な参考書がないことを痛感させられた。本書では、北米ノースウェストの先住民社会について読者の理解を手助けするために筆者調査の写真や挿図を多く掲載した。本書は、北米ノースウェストの先住民社会に関する研究書であるとともに、入門書として活用していただければ幸いである。

　本書の第1章と第2章に関連する研究成果は、下記の論文にも一部発表されている。

坂口隆 2007「北米北西海岸の先住民社会：エリート層の機能と多様性の検討から」『季刊考古学』98号 72-76頁、雄山閣、東京

Sakaguchi, Takashi, Jesse Morin, Ryan Dickie. 2010. Defensibility of Large Prehistoric Sites in the Mid-Fraser Region on the Canadian Plateau. Journal of Archaeological Science 37, 1171-1185.

　本書は、日本の読者を念頭に置いて、北米ノースウェストの先住民社会に関して現時点での学界の最高水準を目指すとともに、より体系性を保つために上記した個別の論文に発表した内容を大幅に改訂、補足するとともに、再編成している。本書が北米ノースウェストで追究した諸課題や研究成果は、日本列島の先史時代にも応用可能である。特に、本書の調査・研究の一部は、縄文社会や縄文集落、及びそのネットワークを理解するための枠組を構築することを念頭に実施しており、縄文社会の研究にも応用可能である。人類学と考古学の複合領域に及ぶ本研究成果は、人類学と考古学の両学界に貢献できるものと確信している。

　本書作成につき、下記の諸機関、諸先生、諸氏にご教示をいただくとともに、お世話になりました。特に、Brian Hayden 先生には、本研究につきまして、多くのご指導・教示をいただきました。この場をおかりし御礼申し上げます（敬称略）。

　Ron Adams、Lily Barahon、Randy Bouchard、Rob Bryce、David V. Burley、Megan Caldwell、Roy Carlson、David Chicoine、Rob Commisso、Gary Coupland、Jerome Cybulski、Cathy D'Andrea、Ryan Dickie、Suzana Dragicevic、

後書き

Jonathan C. Driver、Rob Fiedler、Knut Fladmark、Biruté M. F. Galdikas、Cole Harris、Philip Hobler、Erin Hogg、Marianne Ignace、Bradley Jack、Randy James、Garry John、Eric Jones、Dorothy I. Kennedy、Dana Lepofsky、Murray McDonald、Alan McMillan、Bonnie Michell、Jesse Morin、Robert J. Muir、Bryan Myles、Rudy Reimer、Heather Robertson、annie ross、Michael Rousseau、Craig Rust、David Schaepe、Nadine Schuurman、Chris Springer、Wendy Steinberg、Jasper Stoodley、Arnoud Stryd、Saul Terry、Donna McGee Thompson、Shannon Wood、Dongya Yang、Eldon Yellowhorn、大塚達朗、遠部慎、加藤博文、小杉康、髙倉純、高橋龍三郎、米倉薫、Archaeology Press Simon Fraser University、Bill Reid Centre at the Simon Fraser University、Bridge River Indian Band、Dept. of Archaeology at the Simon Fraser University、Dept. of Geography at the Simon Fraser University、Edward E. Ayer Art Digital Collection（Newberry Library）、Fisheries and Oceans Canada、Natural Resources Canada、*Stl'atl'imc* Lands and Resource Authority、南山大学人文学部人類文化学科、北海道大学アイヌ・先住民研究センター、北海道大学埋蔵文化財調査センター

なお、本研究はカナダ政府奨学金、明治大学大久保忠和考古学振興基金奨励研究のもとに行われた研究成果の一部である。本書の出版は、科研費研究成果公開促進費（課題番号 18HP5102）の助成を受けたものである。本書の編集・刊行については、雄山閣編集部の羽佐田真一氏をはじめ、北海道大学文学研究科小笠原さおり氏、北海道大学調達課片岡拓也氏にお世話になりました。

擱筆するにあたり、これまで研究活動を支えてくれた両親坂口脩・陽子に感謝するとともに、本書を捧げます。

索 引

【あ行】

亜極圏　5, 7, 9, 11, 12, 20〜25, 31, 64
アサバスカン　11, 12, 16, 21, 25
アダムズ・リバー　56
アッパー・リルウェット　31, 34〜36, 39, 41, 42, 44, 46, 48, 58, 63, 89, 98
威信経済　73
イースト遺跡　83, 103
遺跡データベース　45, 83, 90, 95, 96
イデオロギー　14, 15
インテリアー・セイリッシュ　32, 36, 38, 51, 71
インランド・トリンギット　21〜23
ウィンド・ドライング　36, 62, 63
ウェスト・ファウンテン遺跡　93, 105, 106
エイカーズ／チキン・ガリー遺跡　83, 86
エスノヒストリー　93, 99, 105

【か行】

海獣狩猟　9
階層化し社会の複雑な狩猟採集民　12, 24, 25, 27, 38, 76, 78, 93
階層化社会　12, 16, 19, 23, 25, 36, 40
海洋水産資源　9, 64, 69, 110
カスカ　11, 21, 22
カナディアン・プラトー　11, 31, 63, 64, 68〜71, 74
カヌー　9, 34, 63, 97, 112
カムループス・ホライズン　68, 70, 71, 73〜75, 96, 100, 109, 110
カラフトマス　51〜53
カリフォルニア　7, 12
北プラトー　11
ギッツァン　21, 25
キートリー・クリーク（EeRl-7）遺跡　64, 71, 73, 75, 76, 78〜81, 83, 90, 93, 95, 102〜104, 109, 110
ギブス・クリーク遺跡　83, 99, 102, 103, 105, 109, 111
キャピラノ・リバー　53, 54
キャリアー　21, 23, 25, 64, 65
キャンプ　9, 10, 38, 44, 46, 57, 59, 60, 63
ギンザケ　51〜54
饗宴　13, 17, 22〜24, 29
極圏　7, 50
クラシック・リルウェット・フェイズ　75
クリントン・バンド　87
グレート・ベースン　7
クレスト　19, 20, 22, 73
クワクワカワック　16, 18
燻製　36, 63
経済的階層化　6, 9, 12, 14, 15, 28, 38, 64
傾斜分析　94
ケイッィー　32
毛皮交易　18, 21, 22, 25, 97, 112
ケリー・レイク遺跡　83, 87, 96
厚葬　75
コキットラム　32
コースト・セイリッシュ　15, 16, 18, 25, 28, 32, 36, 40, 51, 71
骨角器　71, 73
古DNA分析　64, 81
コレクター・システム　44, 70, 71
コロンビア・プラトー　11, 68, 71, 93, 110
コロンビア・リバー　9, 10, 51
コンフリクト　6, 16, 28, 64〜66, 68, 93, 94, 110

【さ行】

最小コスト・パス（分析）　94〜99, 111
サイモン・フレーザー　58, 64, 65, 97, 102, 109
サウスイースト　7
サケ資源　6, 11, 38, 64, 65
サケの処理　62
サケ漁　6, 10, 36, 42, 50, 51, 53, 57〜59, 61, 62, 64〜66, 71, 89, 102
サケ類　51, 52

135

索 引

サーモン・エリア　10
資源獲得競争　110
資源利用　5, 6, 31, 38, 39, 41, 42, 49, 88, 89
シーシャル　35, 40
シックス・マイル・フィッシャリー　58～62, 66, 81
シートン遺跡　93, 96, 97, 100, 105, 107, 110
視認ネットワーク　38, 39, 93, 94, 100, 102, 103, 105, 109
社会の単純な狩猟採集民　12, 15, 24
シュスワップ　19～21, 29, 33, 36, 39, 40, 42, 44, 55, 58, 59, 65, 68, 98, 105
シュスワップ・ホライズン　71, 73, 74, 78, 100
首長制社会　12, 14, 25～27
縄文社会　50
縄文集落　5, 38, 39, 48, 49
剰余生産　110
食糧共有　22
所有権　6, 13, 14, 16, 19～22, 40, 42, 44, 49, 59, 64
シロザケ　51～53
新進化主義　14
人骨外傷　27, 28, 64, 68
スキーナ・リバー　9, 11, 18, 26
スクアミッシュ　32, 34, 35, 39
スクゥアタース遺跡　105
ストロー　32, 36, 40, 51
スティキーン・リバー　11
スミソニアン　7
政治経済的権限　12～14, 19, 21, 25
政治的統合化　18, 27, 28, 36
セイリッシュ（語族）　10, 15, 16, 18, 25, 28, 32～33, 36, 38, 40, 51, 71
セカニ　21, 22, 24
石鏃　68
石斧　71, 75
世襲（首長・制・的・名）　13, 14, 16, 19, 20, 22, 24～26, 28, 40, 42, 64, 73
セトルメント・パターン　48, 76, 88
線形的社会進化説　14
戦士　16, 18, 23, 24, 27, 28
先住民居留地　33, 45, 54, 111

【た行】

タギッシュ　21～23
戦い　5, 12～14, 16, 20, 22～24, 26, 28, 64, 65, 68, 94, 110, 111
竪穴住居（跡）　10, 32, 34～38, 46, 64, 69～73, 76, 78～87, 89, 90, 93, 95, 102～106, 110, 111
タールタン　21, 22, 25
男系　19, 40, 59
炭素安定同位体分析　11, 63, 64
チムシアン（語）　10, 15～18, 26
眺望（分析）　66, 84, 94～96, 99, 100～105, 107～109, 111
貯蔵（食糧）　24, 38, 44, 50, 51, 63, 70, 71, 73, 75, 76, 78, 90
地理情報システム（GIS）　6, 39, 41, 42, 48, 50, 88, 89, 91, 94, 95, 99, 100, 111
チルコーティン　11, 21, 24, 25, 39, 40, 62, 64, 65, 98, 105
ツー・マイル・フィッシャリー　57, 58, 102
定住的社会　14
定住的狩猟採集民　5, 31, 39, 41, 49, 50
ティーセン多角形　39, 48～50
定置漁具　19, 40, 53, 55
適地分析　88～91, 93
テリトリー　5, 14, 16, 20～23, 26, 33, 35, 36, 38～42, 46～50, 58, 59, 62, 75, 112
同盟関係　18, 26, 27
トーテム　20
トーテムポール　9, 26
奴隷　13～16, 19, 22～24, 26, 63～65
トリンギット（語）　10, 15, 16, 21～23, 28, 94
トンプソン　19, 20, 29, 31, 33, 36, 40, 42, 58, 65～68
トンプソン・リバー　53, 55, 56, 58, 62

【な行】

内陸プラトー　5, 36, 40, 63
ナス・リバー　18, 26
ヌチャーヌルス　16, 18, 26, 27
ヌハルク　11, 18, 21, 24, 25

ネシケップ・フェイズ　70
ノースイースト　7
ノースウェスト・コースト　5, 7, 9〜12, 14〜16, 18〜22, 24〜28, 31, 34〜36, 38, 40, 50, 63〜65, 68, 69, 73, 75, 93, 109

【は行】

ハイダ（語）10, 26
ハイブリッド集団　42, 62
ハリソン・リバー　35
バルクリー・リバー　11, 21, 23, 25, 55
半乾燥地帯　6, 10, 31, 35, 38, 62, 63, 76, 87, 89, 90, 95, 97
ヒケレム遺跡　35
ビッグマン　26〜27
平等主義　15
貧富の差　40
フォレージャー　70
武器（武具）20, 28, 67, 68, 94
副葬品　75
物質文化　5, 9, 10, 14, 22, 25, 29, 71, 73〜75
プラトー　5, 7, 9〜12, 19〜21, 25, 27, 31, 35, 36, 40, 56, 58, 63〜65, 68〜71, 73, 76, 93, 110
プラトー・ピットハウス・トラディション（PPT）70, 71, 87
プラトー・ホライズン　68, 71, 73〜75, 78, 96, 100, 109
プランク・ハウス　9, 24, 26, 28, 34〜37, 73, 75
ブリッジ・リバー（EeRl-4）遺跡　73, 76, 81〜83, 90, 93, 102, 105, 109, 110
ブリッジ・リバー・インディアン・バンド　59
プレイン・インディアン　10
フレーザー・バレー　33, 35, 51, 109
フレーザー・リバー　9〜11, 32〜34, 38, 42〜44, 46, 51, 53, 56〜60, 64, 71, 83, 86, 87, 89, 96〜99, 102, 105, 108, 109, 111, 112
フレーザー・リバー・バンド　39, 41, 44, 46, 111, 112
文化領域　7, 8, 24
分業（性的・男女の）44, 62

平原地帯　7, 10
ベニザケ　51〜53, 56〜58, 62, 64, 78, 78, 81
ペムバートン・バンド　33〜35, 39〜41, 46, 49
ベル遺跡　73〜76, 83, 84, 93, 95, 99, 102, 103, 109, 110
防御性集落　5, 28, 64, 93〜95, 100, 109
北米インディアン・ハンドブック　7
ホコ・リバー遺跡　75
ポトラッチ　13, 15, 16, 19, 22〜25, 29, 40, 64
ボナパルト・シュスワップ　59
ポリティカル・エコノミー　6, 50, 51

【ま行】

マスクウィーム　32
マスノスケ（キング・サーモン）51〜53, 56, 63
マッケイ・クリーク遺跡　76, 83, 85, 93, 96, 102, 105
マーポール・ピリオド　75
ミッドフレーザー地域　6, 7, 33, 34, 36, 38, 42, 49, 51, 53, 58, 62〜66, 69〜73, 75, 76, 78, 81, 83, 87〜90, 92〜99, 102, 109〜111
南プラトー　11
モワチャト　28

【や行】

夜襲　20, 26
弓矢　28, 68, 110

【ら行】

ラフト・リバー　53, 56, 62
陸獣狩猟　11, 69
リーマン・フェイズ　70
略奪（人身・食糧など）6, 16, 20, 22, 26, 40, 62, 64〜66, 110, 111
リルウェット　5, 6, 19, 29, 31, 33〜36, 38〜42, 44〜47, 49, 58, 63, 65, 66, 68, 97, 101
リルウェット・タウン　58, 63, 65, 97, 101, 102, 105, 108, 109, 111
リルウェット・リバー・バンド　33, 39, 41, 44, 46, 49, 112

索 引

レイク・バンド　33, 39, 41, 44, 46, 49, 112
レイン・フォレスト　9, 10, 31, 35
レガリア　9
ローアー・フレーザー　32
ローアー・フレーザー・キャニオン　33
ローアー・リルウェット　34〜36, 41, 42, 44, 58, 63, 66, 68, 97
ローカル・グループ　16〜18, 20, 23, 26, 27, 29, 39, 41, 46, 49, 50
ロカーノ・ビーチ・ピリオド　73
ロックノア・フェイズ　70

【わ】

ワカシャン語族　10

【E】

EeRk-16 遺跡　83, 93, 100, 101, 103
EeRl-2 遺跡　100, 101, 109
EeRl-17 遺跡　100, 101, 109
EeRl-85 遺跡　100, 101, 105
EeRl-98 遺跡　97
EeRl-114 遺跡　97
EeRl-123 遺跡　100, 101, 108, 109
EeRl-125 遺跡　100, 101, 109
EeRl-137 遺跡　100, 101, 105
EeRl-139 遺跡　100, 101, 105
EeRl-143 遺跡　100, 101, 109
EeRl-165 遺跡　100, 101
EfRl-1 遺跡　100, 101, 105
EfRl-3 遺跡　83, 96, 100, 101
EfRl-17 遺跡　100, 101, 105
EfRl-56 遺跡　97

著者紹介

坂口　隆（さかぐち　たかし）

2001年　國學院大學大学院博士課程後期修了、博士（歴史学）。
現　在　北海道大学アイヌ・先住民研究センター客員研究員、早稲田大学先史考古学研究所招聘研究員。

主要著作・論文
2018 「周堤墓形成期の土器研究：北海道中央部を中心とする縄文時代後期中葉後半期～晩期初頭の編年再構築とその意義」『考古学雑誌』第 100 巻第 2 号、28-74 頁
2013 「縄文時代の男性的シンボルに関する基礎的研究：ファロス付注口土器の展開」『考古学雑誌』第 97 巻第 3 号、1-26 頁、第 97 巻第 4 号、47-70 頁
2011 Mortuary Variability and Status Differentiation in the Late Jomon of Hokkaido Based on the Analysis of *Shuteibo* (Communal Cemeteries). Journal of World Prehistory 24, 275-308.
2010 Defensibility of Large Prehistoric Sites in the Mid-Fraser Region on the Canadian Plateau. 共著 (Takashi Sakaguchi, Jesse Morin, Ryan Dickie). Journal of Archaeological Science 37, 1171-1185.
2003 『縄文時代貯蔵穴の研究』アム・プロモーション、東京

2018 年 11 月 30 日　初版発行　　　　　　　　　　　《検印省略》

北米ノースウェストの人類考古学的研究

著　者　坂口　隆
発行者　宮田哲男
発行所　株式会社 雄山閣
　　　　東京都千代田区富士見 2-6-9
　　　　ＴＥＬ　03-3262-3231 ／ ＦＡＸ　03-3262-6938
　　　　ＵＲＬ　http://www.yuzankaku.co.jp
　　　　e-mail　info@yuzankaku.co.jp
　　　　振　替：00130-5-1685
印刷・製本　株式会社 ティーケー出版印刷

©Takashi Sakaguchi 2018　　　　　　　ISBN978-4-639-02606-8 C3022
Printed in Japan　　　　　　　　　　　N.D.C.251 148p 27cm